WALTER ADLHOCH
ZWISCHEN DOM UND RATHAUS

WALTER ADLHOCH

ZWISCHEN DOM UND RATHAUS

20 Jahre Pfarrer in der Großstadt

VERLAG JOSEF KNECHT · FRANKFURT AM MAIN

CIP-Kurztitelaufnahme der Deutschen Bibliothek

Adlhoch, Walter:
Zwischen Dom und Rathaus : 20 Jahre Pfarrer in d.
Großstadt / Walter Adlhoch. – 1. Aufl. –
Frankfurt am Main: Knecht, 1983.
ISBN 3-7820-0496-5

ISBN 3-7820-0496-5

1. Auflage 1983.
Gesamtherstellung: Wiesbadener Graphische Betriebe GmbH, Wiesbaden

Herrn Bischof
Dr. phil. Dr. theol. h.c. Wilhelm Kempf †
in Verehrung und Dankbarkeit

Er war
1939–1942 Kaplan in der Pfarrgemeinde Sankt Antonius
zu Frankfurt am Main,
1942–1949 Pfarrer der Heilig-Geist-Gemeinde
zu Frankfurt am Main-Riederwald,
1949–1981 Bischof von Limburg.
1981 wurde er mit der Goethe-Plakette der Stadt Frankfurt
geehrt.

Am 9. Oktober 1982
starb er in seiner Heimatstadt Wiesbaden.

Daß sie Dich erkennen, den allein wahren Gott, und den Du gesandt hast, Jesus Christus (Joh 17,3)

Primizspruch 1938

Inhalt

Vorwort

Am 3. Oktober 1965 wurde im Frankfurter Dom Stadtpfarrer Prälat *Alois Eckert* verabschiedet und der bisherige Pfarrer an Sankt Leonhard und Caritasdirektor für Frankfurt, *Walter Adlhoch,* als sein Nachfolger eingeführt. Bei seiner Ansprache vor der Gemeinde gab Bischof Wilhelm Kempf dem neuen Stadtpfarrer die Weisung mit auf den Weg: »Die Aneignung und Verwirklichung des II. Vatikanischen Konzils in der Stadt Frankfurt wollen Sie als Ihre Hauptaufgabe sehen.« Danach reisten er und Weihbischof Walther Kampe zur vierten und letzten Session nach Rom.

Der Auftrag überraschte mich nicht. Leidenschaftlich hatte ich seit 1962 mit Kollegen und Freunden die Verhandlungen in Rom verfolgt. Viele Erwartungen unserer Generation sahen wir geweckt, am deutlichsten in der Pastoralkonstitution »Gaudium et spes«, die seit 1963 im Entwurf vorlag und damals vor der Beschlußfassung stand. Dieses Dokument beginnt:

»Freude und Hoffnung, Trauer und Angst der Menschen von heute, besonders der Armen und Bedrängten aller Art, sind auch Freude und Hoffnung, Trauer und Angst der Jünger Christi. Und es gibt nichts wahrhaft Menschliches, das nicht in ihren Herzen Widerhall fände, ist doch ihre eigene Gemeinschaft aus Menschen gebildet, die, in Christus geeint, vom Heiligen Geist auf ihrer Pilgerschaft zum Reich des Vaters geleitet werden und eine Heilsbotschaft empfangen haben, die allen auszurichten ist. Darum erfährt diese Gemeinschaft sich mit der Menschheit und ihrer Geschichte wirklich engstens verbunden.«

Den Auftrag des Konzils und meines Bischofs habe ich in den 17 Jahren danach als Dompfarrer, Stadtdekan und Bischöflicher Kommissar, Mitglied des Bischöflichen Domkapitels Limburg gewiß nicht erfüllen können, auch nicht mit Hilfe vieler Mitarbeiterinnen und Mitarbeiter, denen ich sehr zu Dank verpflichtet bin. Auch kam vieles anders, als man in den frühen sechziger Jahren für die Kirche und für die Gesellschaft der Bundesrepublik im allgemeinen und den Ballungsraum Frankfurt im besonderen erwartet hatte.

Trotzdem gestehe ich, daß ich meinen Dienst in dieser Stadt gern getan habe. Frankfurt am Main ist meine Heimat. Hier, genauer im Stadtteil Sachsenhausen, südlich des Mains, bin ich geboren und aufgewachsen, besuchte das Kaiser Wilhelm-Gymnasium (heute Freiherr vom Stein-Schule) in der Hedderichstraße. Sein Gründungsdirektor Dr. Ernst Bieber, evangelisch-reformierter Christ, ein fachlich und persönlich vorbildlicher Pädagoge, gab uns Abiturienten 1932 das Hölderlin-Wort mit auf den Weg: »Ach! Der Menge gefällt, was auf den Marktplatz taugt, / und es ehret der Knecht nur den Gewaltsamen; / an das Göttliche glauben / die allein, die es selber sind.«

Im Sinn des Konzils, das die Kirche »mit der Menschheit und ihrer Geschichte engstens verbunden« sieht, wollte ich als Seelsorger mit jedem in dieser Stadt zusammenarbeiten ohne Unterschied der Religion, Parteizugehörigkeit oder Nation, auf jeden zugehen und auf ihn eingehen. Bald stellte ich fest, daß die Probleme der Stadt Aufgaben des Konzils waren und umgekehrt: die Ökumene von Christen und Juden, die Glaubens- und die Autoritätskrise, das Generationenproblem, die »Müdigkeit der Guten« (Pius XII.), die Geschichtslosigkeit, die religiöse Verunglimpfung und die Nichtachtung fremder Überzeugung. Als bedeutsam erwies sich die Arbeitswelt: die »Berührungsängste« zu den Gewerkschaften, die Arbeitslosigkeit, die Integration ausländischer Mitbürger in die christliche und bürgerliche Gemeinde, die Drogenszene, die Verzweifelnden. Meine Aufgabe sah ich darin, in all dem die Kirche, d. h. die versöhnende und heilbringende Botschaft Gottes, nach Kräften gegenwärtig machen zu helfen. Rückblickend darf ich feststellen, daß ich in allen Kreisen Verständnis, Hilfe und Freunde gefunden habe, und das Vertrauen meiner Vorgesetzten mich getragen hat. Für beides danke ich.

Die vorliegende Broschüre bringt keine Dokumente der Gemeindepastoral im engeren Sinne oder der kircheninternen Sorge meines Amtes oder Beispiele der Individualseelsorge. Ausgewählt habe ich öffentliche Stellungnahmen zu Fragen »zwischen Dom und Rathaus«, Kirche und Gesellschaft in den Jahren 1965 bis 1982. Sie werden veröffentlicht, wie sie erschienen – also gesprochenes Wort vor der Gemeinde oder am Rundfunk oder an anderer Stelle, als Brief oder Artikel. Manches ging durch die Presse. So weit es nötig schien, wurden kleine Informationen beigefügt. Jedes Dokument trägt die Jahreszahl.

Als Leser wünsche ich mir dieselben oder ähnliche wie in den Jahren, in denen die Texte entstanden sind: kritische, zustimmende, widersprechende, jeder aber interessiert am Gemeinwohl unserer Stadt und unserer Gesellschaft. Wenn ich mit diesen Beiträgen die jüngere Generation interessieren könnte, wäre ich besonders froh und erbitte Rückmeldung.

Limburg an der Lahn, im Juni 1983

Walter Adlhoch

Der erste »Brief des Stadtpfarrers«

In der Chronik dieses Jahres – so begann ein kluger und gütiger Mann an dieser Stelle vor einem Jahr (und so ähnlich schon manches Jahr vorher) uns einen Weihnachtsgruß zu schreiben. Die Chronik dieses Jahres, die das katholische Frankfurt führt, meldet im Oktober seinen Abschied, den er frei wählte und überaus würdig und eindrucksvoll durchstand in seinem lieben Bartholomäusdom. Prälat Alois Eckert, seit 1950 Stadtpfarrer und Bischöflicher Kommissar von Frankfurt, ist vom aktiven Dienst in der Seelsorge zurückgetreten.

Der Wunsch zum Christfest und zum Beginn des neuen Jahres hat nun der Nachfolger auszusprechen. Seine Gedanken gehen zuerst ins St.-Katharinen-Krankenhaus zu unserem Prälaten im Ruhestand, und ich zweifle nicht, daß sie viele Gebete, Wünsche und Dankeserweise aus der ganzen Stadt und von auswärts begleiten. »In bleibender Verpflichtung« ist Prälat Eckert seinem Frankfurt verbunden, wir wissen es dankbar.

Vor uns liegt das Konzil. Die aus Rom heimgekehrten Bischofe und Berater haben es uns vor das Haus gelegt: Macht etwas daraus! Damit beginnt das Eigentliche: daß das Volk Gottes sich selbst neu begreift, sich innerlich erneuert und damit dem kommenden Jahr 1966 das Zeugnis Christi nicht schuldig bleibt. Dabei soll uns Frankfurtern besonders am Herzen liegen, was die Väter des Konzils den von uns getrennten christlichen Brüdern vor aller Welt versprochen haben: daß wir entschlossen aufeinander zugehen ohne Angst, ohne Hochmut und ohne Illusion, in der Demut, Wahrhaftigkeit und Liebe unseres gemeinsamen Herrn Jesus Christus.

So grüße ich herzlich alle, die guten Willens sind und Kinder seines Wohlgefallens, und wünsche den Frieden in jedes Herz und jedes Haus, Friede auf Erden, den der barmherzige Gott zu geben vermag. Er segne Euch reichlich vom Himmel her.

Weihnachten 1965

Der Bartholomäusdom und seine Besucher in 1200 Jahren

> *»Herr Gott Israels: Halte deine Augen offen über diesem Haus, der Stätte, von der du gesagt hast, daß dein Name hier wohnen soll.«*
>
> *1 Könige 8,29*

Auf etwa 1200 Jahre kann unsre Domkirche zurückblicken. Im Jahre 794 nennt der Frankenkönig Karl der Große Frankfurt eine bedeutende Stadt und beruft dorthin ein folgenreiches Nationalkonzil. Damals gab es schon einen Königshof auf dem heutigen Domhügel und darin gewiß eine königliche Kapelle. Die älteste Kirche an dieser Stelle hat der Enkel des großen Karl, König Ludwig der Deutsche, errichtet. Sie wurde dem Erlöser Jesus Christus geweiht und hieß darum Salvator-Kirche. Am 1. September 852 hat der Benediktinermönch und Bischof von Mainz, Hrabanus Maurus, sie konsekriert, der größte Gelehrte seiner Zeit und zugleich ein Heiliger. Seit 1239, nach einer gotischen Erweiterung, heißt sie Bartholomäuskirche. Der Name »Dom« wurde erst im letzten Jahrhundert üblich, war sie doch nie eine Bischofskirche, sondern immer die Pfarrkirche der Frankfurter und eine kaiserliche Stiftskirche mit einem angesehenen Stiftskapitel.

Wer ging in diesen beinahe 1200 Jahren in dieser Stätte des Gebetes aus und ein? In welcher Tradition glaubender Menschen stehen wir? Ungezählte haben hier vor uns gebetet, für sich selbst, für die Lebenden und für die Verstorbenen, für ihre Stadt, das Reich, die Kirche. Sie haben Gottes Wort gehört, die heiligen Sakramente der Taufe, der Firmung, der Eucharistie, der Buße, der Ehe und der Priesterweihe empfangen. Am 23. Oktober 1977 wurde hier die erste Bischofsweihe unserm Herrn Weihbischof Gerhard Pieschl gespendet. Deutsche Könige wurden hier gewählt und zu Kaisern gekrönt. Aus und ein gingen hier große Herren und kleine

Leute, Sünder und Heilige, Deutsche und Ausländer, Katholiken und Nichtkatholiken.

Das Südportal des Domturmes, 1422 erbaut, besitzt seit 1958 eine Bronzetür des Frankfurter Goldschmieds Wissel. Sechs Felder zeigen sechs bedeutende Ereignisse der ersten 600 Jahre der Geschichte dieses Domes:

Oben die schon genannten Frankenkönige: links Karl den Großen, den Gründer der ersten königlichen Kapelle. Seiner gedenken wir jedes Jahr an seinem Todestag, am 28. Januar, im Karlsamt.

Das rechte Feld der oberen Reihe zeigt Ludwig den Deutschen und die von ihm gestiftete Salvatorkirche.

In der zweiten Reihe der Bronzetür ist die Versöhnung dargestellt zwischen Kaiser Otto I. und seinem rebellischen Bruder Heinrich. Sie fand an Weihnachten 941 vor der Salvatorkirche statt, auf dem heutigen Domplatz, wo Heinrich im Bußgewand den Bruder und Kaiser erwartet hatte.

Die Tafel neben diesem Bild christlicher Versöhnung und Friedensbereitschaft zeigt die Kreuzzugspredigt des heiligen Bernhard von Clairvaux im März 1147 in unsrer Kirche. Der hochgewachsene Stauferkaiser Konrad III. trug den Heiligen des Jahrhunderts, der klein von Gestalt war, auf seinem Arm aus dem überfüllten Dom hinaus und schloß sich dem zweiten Kreuzzug an. Von Frankfurt aus ging ein Brief des Kaisers und des Mönches Bernhard in alle Länder Europas. Bernhard konnte nicht wissen, daß dieser zweite Kreuzzug schlecht ausging und danach die Kreuzzüge überhaupt in Blut und Grausamkeit verkamen. Er wollte mit seiner Predigt den Rittern seines Jahrhunderts einen sinnvollen Weg auftun.

In der untersten Reihe der Bronzebilder am Südportal des Turmes steht links der Hohenstaufenkaiser Friedrich I. Barbarossa: 1152 in Frankfurt gewählt, veranlaßte er 1165 die Seligsprechung Kaiser Karls des Großen, des zweiten Patrons unsrer Domkirche. Auf der rechten Tafel steht Kaiser Karl IV. von Böhmen, der durch die »Goldene Bulle« 1356 die Frankfurter Bartholomäuskirche zur Stätte der Königswahl bestimmte.

Zehn Könige wurden zudem im Frankfurter Dom zu Kaisern des Heiligen Römischen Reiches deutscher Nation gekrönt, der letzte 1792, es war Franz II. aus dem Hause Habsburg.

Die Bronzetür berichtet nicht, wie es weiterging nach der Auflösung des Heiligen Römischen Reiches deutscher Nation. Durch den Reichsdeputationshauptschluß von 1802 wurde unser Dom, wie alles andere Vermögen der Kirche, »säkularisiert«, d. h. man nahm der Kirche ihre Güter, auch der Dom ist seitdem Eigentum der Stadt Frankfurt. 1830 freilich hat die Stadt Frankfurt in einem Dotationsgesetz den Dom »ausschließlich und unwiderruflich« der Katholischen Gemeinde für ihre Zwecke übergeben und die Unterhaltung der Bartholomäuskirche sowie des zugehörigen Pfarrhauses übernommen. 150 Jahre lang hat die Stadt, auch als sie preußisch (1866) und dann nationalsozialistisch (1933) und schließlich hessisch (1945) geworden war, großzügig und vorbildlich ihre Verpflichtung erfüllt: 1867 brannte der Dom aus, 1943/44 wurde er ein Opfer der Bomben. Die Stadt hat ihn zweimal wieder aufgebaut.

Unbeirrt von allen Schicksalen und Zeitläuften, in karolingischem oder gotischem Stil, mit Barock- oder Nazarenerbildern oder moderner Verglasung, erfüllt diese Kirche nun schon im zwölften Jahrhundert ihre Aufgabe: Wie am ersten Tag in der ersten Kapelle an dieser Stätte können wir mit der Kirche in der Präfation des Kirchweihfestes auch heute singen:

> »Zu deiner Ehre wurde dieses Haus errichtet, in dem du deine pilgernde Kirche versammelst, um ihr darin ein Bild deiner Gegenwart zu zeigen und ihr die Gnade deiner Gemeinschaft zu schenken. Denn du selbst erbaust dir einen Tempel aus lebendigen Steinen.«

Und wie der König Salomo des Alten Bundes bitten wir auch heute:

»Halte deine Augen offen über diesem Haus, der Stätte, von der du gesagt hast, daß dein Name hier wohnen soll.«

Nicht mehr gekrönte Häupter und gesalbte Könige ziehen hier ein, wohl aber das im Heiligen Geist gesalbte Gottesvolk der Christen. Und eine besondere Freude ist es für die Gemeinde und alle Frankfurter, wenn unser Bischof oder ein anderer Bischof mit uns Eucharistie feiert, firmt oder Priester weiht und uns Gottes Wort verkündet. Unvergessen ist der 21. September 1974, als unser Heiliger Vater, Papst Johannes Paul II., hier im Dom als Kardinal-Erzbischof von Krakau pontifizierte und in polnischer und deutscher Sprache predigte.

Unser Dom ist ein Bild der Kirche in ihrem heutigen Zustand: Nach erhabenem Plan vor unserer Zeit errichtet – wir Christen sind nicht von heute! –, im Lauf der Jahre und Jahrhunderte verändert und ergänzt, verwundet und wieder geheilt, nicht frei von Übermalungen, Zutaten und Runzeln des ehrwürdigen und mühseligen Alters, steht die Kirche inmitten des modernen Lebens im Herzen einer volkreichen Stadt internationaler Prägung. Sie weist mit ihrem hohen Schiff und dem Turm nach oben, öffnet ihren weiten Raum allen Bürgern der verschiedensten Muttersprachen. Seit sechs Jahren haben jeden Sonntag mehr als tausend Kroaten mit ihren Seelsorgern hier ihre kirchliche Heimat. Von den 114 Taufen des Jahres 1979 in unserm Dom waren 101 Kroaten. Und zum Reformationstag treffen sich evangelische und katholische Christen abwechselnd im Dom und in der Katharinenkirche.

Wie der Hausvater im Evangelium, der aus seinem Schatze Altes und Neues hervorholt, wollen wir – die vom Bischof bestellten Seelsorger und die Domgemeinde – hier auch weiterhin die eine alte Botschaft Jesu Christi verkünden in einer Sprache, die die heutige Zeit und die kommende Generation erreicht. Nach einem Reformkonzil, wie es das II. Vaticanum war, spürt man deutlicher die Umbausituation, das Fließende im Leben der Kirche. Aber wie anders kann Leben sich zeigen als in der Bewegung? Friedhofsruhe gehört nicht zur Kirche Jesu Christi, der Feuer auf die Erde zu werfen kam und will, daß es brenne (Lk 12,49). Aber Heimat soll uns die Kirche bleiben, denn nur diese eine Kirche hat Jesus Christus uns gegeben – für uns selbst und für eine zerrissene Menschheit.

Predigt am Kirchweihfest
9./10. August 1980

Gedenktag Karls des Großen

In den frühen Morgenstunden des 28. Januar 814 starb an schwerer Erkältung und Rippenfellentzündung in Aachen der König der Franken, Kaiser Karl der Große, im 72. Lebensjahr. Seiner gedenkt die Frankfurter Bartholomäuskirche alljährlich am Todestag in einem feierlichen Gottesdienst. In Deutschland feiert noch der Dom zu Aachen sein Gedächtnis.

Das Meßgewand, das der zelebrierende Priester trägt, trug der Erzbischof von Mainz bei der Krönung des letzten Kaisers des Heiligen Römischen Reiches deutscher Nation, des Habsburgers Franz II., im Jahre 1792, demonstrativ am 14. Juli, dem dritten Jahrestag des Sturms auf die Bastille begangen. Im Jahre 794 hatte der Römische Kaiser, wenn auch noch nicht in Rom gekrönt, zu einem Konzil des Westens nach Frankfurt eingeladen. Am 6. August 1806 legte Franz II. die Kaiserkrone Karls des Großen in Wien nieder. Ein Jahrtausend also blieb Frankfurt mit der wechselvollen Geschichte des Heiligen Römischen Reiches verbunden.

Nichts Museales sehen wir im heutigen Karlsamt. Wer mit Karl und allen Christen an ein ewiges Leben des Menschen glaubt, gibt mit dem Leichnam nicht alles der Verwesung und der Vergessenheit preis. Der gläubige Christ darf verehren, was im Leben eines Menschen, ob groß oder klein, durch Gottes Gnade ewig war und also Vorbild bleiben darf. In Karl dem Großen nichts als den »Sachsenschlächter« zu sehen, kann heute niemand mehr begreifen, der die Geschichte kennt und dem Europa ein Anliegen ist.

Ob Karl ein »Heiliger« war und darum die kultische Verehrung eines solchen verdient, hat schon viele beschäftigt. Am Karlstag haben im Jahre 1975 Otto von Habsburg in einem Vortrag und 1981 Weihbischof Walther Kampe in der Festpredigt Klärendes dazu gesagt. Wir sehen Gründe genug, an seinem Todestag ihm als Wohltäter zu danken und für das heutige Europa zu beten.

Nicht museal erscheint uns der Gebrauch des Gregorianischen Chorals beim Karlsamt. Für die wahrhaft zeitgemäße Aufgabe, daß die Religionen des Judentums, des Christentums in allen seinen Konfessionen sowie der Islam einander näherkommen angesichts der Weltbedrohung durch den Atheismus, spielt auch der Choral seine bescheidene Rolle, ist er doch sowohl mit der jüdischen Synagogalmusik wie mit der Musik des Islam verwandt. Dankbar gedenke ich in dieser Stunde und an dieser Stelle des Frankfurter Musikforschers und Pädagogen Walter Lipphardt, der in diesen Tagen gestorben ist.

Nicht museal ist auch die Kollekte, um die wir bitten. Sie ist für die vielfältigen Werke der Caritas bestimmt. Wir halten es für selbstverständlich, daß heute ein Staatswesen auch ein Sozialstaat ist. Die Wurzel für eine solche Erwartung ist die Heilige Schrift, nach der Gott alle Menschen erschaffen hat, alle liebt und darum auch alle mit seinen Gaben beschenkt sehen will. Karl der Große war es, der im Maß seiner Zeit diesen Impuls des Evangeliums in sein Staatswesen aufnahm, in Verantwortung vor Gott und für die von Gott geschaffenen Menschen, mit Hilfe der Kirche und ihrer Klöster. Keiner kann beweisen, daß Karl dies einzig und allein selbstlos im Blick auf den »König der Könige« getan hat. Wer aber von uns dürfte ihm das vorwerfen? Bis heute ist dieser Impuls wirksam geblieben in einer guten Kooperation von freier, kirchlicher und staatlich-kommunaler Sozialhilfe.

Aktuell also ist dieses Karlsamt. Es ruft zur Besinnung auf. Karl hat in seinem Jahrhundert dem König der Könige zu dienen versucht. Damals war nur einer der Souverän, der König. Heute sind alle Bürger Souverän und damit verantwortlich dem einen und einzigen König der Welt, verantwortlich den Hilfebedürftigen. Karl hat Rechenschaft abgelegt. Morgen haben wir vor Gott Rechenschaft von unserer Verwaltung abzulegen.

Karlstag 1981

Josef Kardinal Mindszenty im Dom

Die »Ackermanngemeinde« hatte den Besuch des Kardinals von Budapest und Primas von Ungarn im Frankfurter Dom vermittelt. Vorher einlaufende Drohungen hatten umfassende Sicherheitsvorkehrungen nötig gemacht. Der Dom war überfüllt. Nach dem Pontifikalamt bereiteten die von nah und fern herbeigeströmten Ungarn ihrem Primas auf dem Domplatz eine stürmische Huldigung, die der greise Kardinal am Fenster des Dompfarrhauses ohne ein Zeichen der Bewegung entgegennahm. Drei Jahre später, am 6. Mai 1975, ist er, 83 Jahre alt, in Wien gestorben. Am Beginn des Pontifikalamtes sagte der Dompfarrer zur Begrüßung:

Eure Eminenz!
Hochwürdigster Herr Kardinal!

Als Rektor dieser Domkirche, die dem Heiligen Apostel und Martyrer Bartholomäus geweiht ist, darf ich Sie herzlich willkommen heißen. Seit Jahrhunderten treffen sich hier Christen aller Stämme, Völker und Sprachen des heutigen Europa.

In Ihnen begrüßen wir den Mann der Kirche, der – wie alle Welt weiß – aufrecht eingetreten ist für die Juden, als diese vernichtet werden sollten, für die Deutschen, als diese ausgesiedelt werden sollten, und natürlich für das leidgeprüfte, für Ihr ungarisches Volk. Sie sind nicht nur mit klaren Worten aufgetreten, sondern unter dem Einsatz Ihres Lebens, Ihrer Gesundheit, Ihrer Ehre und Ihrer persönlichen Freiheit.

Am tiefsten aber hat beeindruckt, was Sie vor Ihrem Weggang aus Budapest unserm Heiligen Vater geschrieben haben: »Ich bin bereit, auch das wohl schwerste Kreuz meines Lebens auf mich zu nehmen: meine Heimat zu verlassen und im Exil für meine Kirche und mein Volk weiter zu büßen ... in der Überzeugung, daß dies zu einer kleinen Angelegenheit wird, wenn es um die Sache Gottes und der Kirche geht.«

Dieses Haus Gottes, diese Kirche will Ihnen in Ihrem Exil kurze Rast geben. Wir bitten Sie um den priesterlichen Dienst, mit uns Eucharistie zu feiern, das will sagen: das eine Opfer Jesu Christi, aus dem die Welt lebt, gegenwärtig zu setzen in unserer Mitte.

Pfingstmontag 1972

»*Brief des Stadtdekans*«

»Nur wer an die Welt glaubt, bekommt es mit ihr selbst zu tun, und gibt er sich daran, kann er auch nicht gottlos bleiben.«

Martin Buber

Wo immer eine Weihnachtskrippe steht, sind wir ausreichend informiert: es gibt nicht nur Einheimische, es kamen auch Fremdartige, Ausländische. Der Krippenkönig »aus dem Mohrenland« steht unter demselben Dach und demselben Stern wie die Weißen, die von Kindheit an »die Weihnachtsgeschicht' uff frankforderisch verzähle«. In unserer Stadt sind 116000 »ausländische Mitbürger« gemeldet. Ich wohne in der Dompfarrei (Innenstadt) mit 31,5 Prozent »Ausländern« zusammen. Vor Jahren haben wir begonnen, Arbeitskräfte aus Europa anzuwerben, und siehe, es kamen Menschen (Max Frisch).

Das Problem bedrängt mich, es geht mit mir in das neue Jahr. Ich schreibe als Bürger dieser Stadt, der mit den anderen Bürgern und gesellschaftlichen Repräsentanten und Institutionen der Stadt vielfältig verbunden ist, aber auch als Seelsorger, dem sein Bischof eine besondere Verantwortung für die Katholiken dieser Stadt übertragen hat. Jeder dritte Katholik ist fremder Muttersprache, die meisten von ihnen »kleine Leute«, Fach- und Hilfsarbeiter, viele Kinder. Ich wiederhole am Beginn dieses Jahres, was ich bei verschiedenen Gelegenheiten gesagt habe:

»Ich werde nach Kräften das Meine dazu beitragen, daß sich die Katholische Kirche Frankfurts ihrer Verantwortung gegenüber Europa immer stärker bewußt wird ... Das verlangt von uns eine ›Europäisierung‹ unserer Mentalität, daß nämlich in dieser Stadt und in dieser Kirche jeder Bevormundung anderer entsagt wird, daß die Gleichberechtigung von Menschen verschiedener nationaler Herkunft gewährleistet wird, die geschichtlich gewachsene Eigenständigkeit ethnischer Minderheiten respektiert und unser Gemeinwesen, auf Recht und Gerechtigkeit gegründet, von allen gemeinsamem getragen wird, auch politisch... An Plätzen wie Frankfurt wächst Europa, oder es bleibt Papier.«

Zwei Planungen des neuen Jahres veranlassen mich besonders dazu: einmal die in Aussicht genommene Wahl des Europaparlaments und zum andern die Feier des Limburger Kreuzfestes, dessen Schluß am 9./10. September 1978 in Frankfurt begangen werden soll. Der Stadtsynodalrat und andere Gruppen haben dem Bischof und den Gemeinden als Thema vorgeschlagen: »Arbeitsplatz Frankfurt – ein Arbeitsfeld der Kirche«. Selbstverständlich sollen diese Tage, in guter Frankfurter Tradition, in Zusammenarbeit mit der Evangelischen Kirche und mit unseren Partnerstädten Birmingham und Lyon stattfinden, zumal sich dort den Christen ähnliche Probleme stellen.

Allen versichere ich erneut meine Bereitschaft, im Rahmen meiner Möglichkeiten für alle, welchen Glaubens oder welcher Richtung und Herkunft sie seien, da zu sein und mit ihnen gemeinsam zu planen und zu wirken. Auch mein Gebet im Dom, dessen Gesicht nach außen in den vergangenen Jahren verschönt wurde, gilt allen zum Segen.

So grüße ich sehr herzlich »zwischen den Jahren« 1977 und 1978.

Arbeitsplatz Frankfurt, kein Thema für die Kirche?

Den Auftrag, das Limburger Kreuzfest auszurichten, gab der Bischof nach 18 Jahren wieder an den Bezirk Frankfurt. Die synodalen Gremien und das Bezirksamt sagten zu. Der Deutsche Evangelische Kirchentag 1975 und ein Frankfurter Kirchentag 1976 hatten gezeigt, daß man in Frankfurt durchaus ein Fest begehen kann. Es wird das zweite Kreuzfest in Frankfurt sein.

Die Thematik wurde schon im Juni 1977 entworfen. Auch in Frankfurt und in Limburg fragte man, als vorgeschlagen wurde »Arbeitsplatz Frankfurt – ein Arbeitsfeld der Kirche«: Warum dieses Thema?

So meinte ein stadtbewußter Frankfurter: Arbeitsplatz ja – aber wo bleibt die Frankfurter Kulturszene mit Theater, Musik und Museen, der Sport und der Palmengarten, der zum Feiern einlädt? Kann man Arbeitsplatz überhaupt feiern? Schließlich »Frankfurt« im Thema eines Diözesanfestes: Wo bleiben die anderen Bezirke, die doch mitfeiern wollen?

Die Antworten auf diese und andere Fragen geben wir gern. Denn in Frankfurt hat die bundesweite Diskussion auf der Gemeinsamen Synode in Würzburg »Kirche und Arbeiterschaft« (Beschluß 1975) ein besonderes Echo gefunden. Kein Wunder! Hier einige Gründe:

Die größte Gruppe bei uns Katholiken stellen die Arbeiter. Fast jeder dritte Katholik in Frankfurt ist anderer Muttersprache. Das aber heißt: er ist ein Arbeiter, und viele davon sind ungelernte oder angelernte Arbeiter. Diese kommen zu den Arbeitern deutscher Sprache hinzu. Muß es nicht unruhig machen, daß dagegen in den Räten und Gruppen unserer Pfarrgemeinden, die Jugendgruppen nicht ausgenommen, oft nur ein Arbeiter, oft sogar kein Arbeiter dabei ist? Zu berücksichtigen sind für unseren Raum auch die einfachen Angestellten und ihre Probleme, wie sie bei ihnen besonders durch die Rationalisierung gestellt sind.

Der leidenschaftlichste Streiter für den Arbeiter *in* der Kirche lebt und wirkt in Frankfurt: der 88jährige Pater Oswald von Nell-Breuning SJ, Professor für Katholische Soziallehre an der Hochschule Sankt Georgen, außerdem die Professoren Pater Hermann Josef Wallraff und Pater Johannes Hirschmann sowie Pater Friedhelm Hengsbach, alle Patres der Gesellschaft Jesu.

Das Glück wollte es, daß im Jahre 1977 das Bildungswerk Frankfurt einen Referenten für Arbeiterbildung und Höchst einen Betriebsseelsorger bekamen.

Einer Anregung des Diözesansynodalrates folgend, hatte der Frankfurter Stadtsynodalrat 1976 einen Sonderausschuß »Kirche und Arbeiterschaft« gegründet. In ihm arbeiten Vertreter der Arbeitgeber und der Arbeitnehmer, Wissenschaftler, der Bildungsreferent und der Stadtdekan.

Sollten die genanten Möglichkeiten nur für Frankfurt genutzt werden? Nach Frankfurt strömen täglich aus der näheren und weiteren Umgebung fast eine Viertelmillion Pendler zur Arbeit. Schon vor Jahren meinte Pater von Nell-Breuning dazu: »Diese schlafen zu Hause, aber das Geld und die Ideen – die guten und die weniger guten – bekommen sie in Frankfurt.« Wir fanden die Zustimmung des Bischofs, daß viele Fragen in Frankfurt exemplarisch sind für das ganze Bistum. »Kirche und Arbeiterschaft« wurde von der Gemeinsamen Synode ja nicht nur Städten wie Frankfurt oder Stuttgart gestellt, sondern allen Gemeinden.

Die Frage, ob man »Arbeit feiern« kann, ist schon beantwortet. Seit Jahrhunderten feiern wir das mühsame Sterben Jesu am Kreuz täglich in der Eucharistie, »bis er wiederkommt«. Das Pontifikalamt im Dom ist auch in Frankfurt der Höhepunkt, und wichtig sind die »Oase der Stille«

mitten im »Markt der Möglichkeiten«, die Meditation in Sankt Leonhard, der ökumenische Gottesdienst in Sankt Katharinen als gemeinsame Besinnung auf unsere gemeinsame Verantwortung, die Kreuzfeier im Dom und das Konzert des Limburger Domchores, der das Kreuzgeheimnis musikalisch deutet. Wir würden umsonst die Kreuzreliquie verehren und Eucharistie feiern, wenn nicht Glanz und Kraft davon auf die Arbeit ausginge. Zwei Schraubenschlüssel, in Kreuzform gelegt, symbolisieren das Thema. Auf dem Römerberg soll dann alles ökumenisch in Wort und Lied zusammenklingen.

Die Vorarbeiten des Frankfurter Sonderausschusses »Kirche und Arbeiterschaft« und des Bezirksamtes wurden vom Stadtsynodalrat und dann Ende 1977 vom Bischof und seinen Mitarbeitern angenommen und weiterentwickelt. Sowohl geistig wie organisatorisch und publizistisch taten Kommissionen und die Abteilungen des Bezirksamtes mit vielen Mitarbeitern aus den Frankfurter Gemeinden und mit Fachleuten aus ganz Deutschland, auch der Evangelischen Kirche, was sie konnten. Das Programm liegt vor, »das Mahl ist bereitet«. Werden die Geladenen kommen?

Wir erwarten ein offenes Gespräch der »Betroffenen« untereinander und mit der Kirche über ihre Fragen unter der Mitwirkung von Experten. »Betroffen« sind Arbeitgeber und Arbeitnehmer, berufstätige Frauen und Mütter, Jugendliche, Arbeitnehmer anderer Muttersprache und Kultur, Arbeitslose, Frührentner, Behinderte und Versehrte am Arbeitsplatz, Mitglieder von Betriebsräten, Gewerkschaften und Berufsverbänden. Schon seit Monaten arbeiten Kreise eingehend an diesen Problemen, und auch die Experten der Podien und Arbeitskreise haben schon miteinander getagt. Informationsmaterial liegt bereit, um die Gespräche möglichst konkret führen zu können.

Rezepte zur Heilung der sozialen Krankheiten und die Lösung aller Fragen zur allgemeinen Zufriedenheit erwarten wir nicht. Wir meinen, daß die Kirche sehr bescheiden sein muß. Die Gemeinsame Synode hat sich nicht gescheut, das Wort Pius XI. an Cardijn, den Gründer der Christlichen Arbeiterjugend, aufzunehmen, »worin der Papst es als den großen Skandal des 19. Jahrhunderts bezeichnet, daß die Kirche die Arbeiter verloren hat«. Da die Kirche sie im 20. Jahrhundert nicht wiedergewonnen hat, spricht die Synode von einem »fortwährenden Skandal«.

Viel ist schon gewonnen,

– wenn das Kreuzfest 78 in Frankfurt das Gespräch zwischen der Kirche und den Arbeitern in Gang bringt,

– wenn der Arbeiter und seine Probleme klarer ins Bewußtsein der Gemeinden treten,

– wenn das Kreuzfest 78 Mißtrauen abbaut sowohl bei den Arbeitern wie bei den Unternehmern.

Dabei geht es zugleich um einen Schritt auf Europa zu. Denn Europa wächst tagtäglich am Arbeitsplatz, auch am Arbeitsplatz Frankfurt, und wir werden uns dabei mitändern. Die Wirkung des Kreuzfestes 78 erwarten wir in Jahren danach, wenn die Thematik dieses Kreuzfestes wirklich zum »Arbeitsfeld der Kirche« geworden ist.

In unserer Partnerstadt Mailand hat Erzbischof Johann Baptist Montini 1963, wenige Monate bevor er als Papst Paul VI. begann, zu den Arbeitern der Pneufabrik Pirelli u. a. gesagt: »Ich möchte euch um Verzeihung bitten, wenn wir euch nicht genug geliebt haben ... wenn wir unfähig waren, zu euch von Gott zu sprechen, wie wir es hätten tun sollen ... *Hört uns wenigstens an* ...«

Das ist auch die Bitte der Frankfurter Gemeinden am Vorabend des Kreuzfestes 1978: Kommt und hört uns wenigstens an!

3. September 1978, »Der Sonntag«

Das Bistum Limburg feiert alljährlich im September sein »Kreuzfest«. Anlaß und Mitte ist eine ehrwürdige Kreuzreliquie, die in einer kostbaren byzantinischen Staurothek im Limburger Domschatz verwahrt wird. Die Woche des »Kreuzfestes« steht für einen diözesanen Katholikentag. Der abschließende Sonntag wird im Wechsel von einem der elf Bezirke des Bistums ausgerichtet; 1978 war Frankfurt an der Reihe.

Bischof Dr. Wilhelm Kempf gab in seinem Schlußwort bei der Kreuzfeier auf dem Römerberg am 10. September die Weisung für die kommenden Jahre. Er begann: »Der Beschluß der Würzburger Synode im Jahr 1975 zum Thema ›Kirche und Arbeiterschaft‹ darf für uns kein Papier bleiben«, und schloß: »... Die Zeiten der gegenseitigen Zurückhaltung und ›Berührungsangst‹ sollten hinter uns liegen! Wir sollten anerkennen, welch großen Anteil die Gewerkschaften am Aufstieg und an der Daseinssicherung der Arbeiterschaft in den letzten hundert Jahren, aber auch an dem glanzvollen Aufstieg unserer Wirtschaft seit 1945 haben, dessen Früchte uns allen zugute kommen. Die Gewerkschaften ihrerseits sollten anerkennen, daß die Kirchen einen bedeutsamen Ordnungsfaktor für das gesamte gesellschaftliche Leben darstellen, weil sie unentbehrliche sittliche Grundwerte bereithalten, ohne die man auch in der Arbeitswelt nicht auskommen kann.

Als ehemaliger Pfarrer einer Frankfurter Arbeitergemeinde appelliere ich an unsere Seelsorger und Pfarrgemeinderäte, daß sie den Blick schärfen für die Probleme der Arbeitswelt –, daß sie Kontakte suchen und pflegen zum Ortskartell der Gewerkschaften, zu den gewerkschaftlichen Vertrauenskörpern, zu den Betriebsräten der in der Gemeinde bestehenden Betriebe und ebenso zu den sozial engagierten Arbeitgebern, auch ihnen gebührt Anerkennung und Dank. Was noch an gegenseitigen Vorurteilen und Voreingenommenheiten besteht, sollte baldmöglichst ausgeräumt werden. Christliche Arbeitnehmer sollten sich in den Gewerkschaften nicht nur organisieren, sondern auch engagieren... Ich habe die Hoffnung, daß von der Kreuzwoche 1978 spürbare Impulse ausgehen. Es geht letztlich um das Wort Jesu: ›Brüder seid ihr einander‹ (Mt 23,8). Nicht zuletzt im Ernstnehmen dieses Wortes wird sich das Schicksal der Welt entscheiden.«

Der 1. Mai

»Die Gewerkschaftsarbeit ist sittliche Leistung ... Es gibt bei den andern Leute, die in Worten ihren Unglauben an den Weg stellen und deren gewerkschaftliche Taten Christentum sind. Es gibt bei uns Leute, die im Konfessionellen an allen Ecken ihr Christentum betonen und die im Sozialen daraus nie die Folgerungen ziehen ... Gewerkschaftliche Arbeit ist Anwendung von praktischem Christentum auf reales Leben ... Gewerkschaftsarbeit ist das Bemühen, ganze Schichten aufsteigen zu lassen wie Land aus dem Meer.«

Diese Sätze wurden am 30. September 1928 zu Bauarbeitern gesprochen, vor mehr als fünfzig Jahren also. Wer sprach sie? Der katholische Priester Dr. Carl Sonnenschein, den man den Weltstadtapostel von Berlin nannte, fünf Monate vor seinem frühen Tod. Man kann sie in seinen »Notizen – Weltstadtbetrachtungen« nachlesen. Eine Wohnsiedlung in Frankfurt-Sossenheim trägt seinen Namen.

In den zurückliegenden fünfzig Jahren hat sich viel geändert und auch gebessert für die Arbeiterschaft. Zugleich aber stehen viele neue Aufgaben an. Die Arbeitswelt selber bedarf weiter der Humanisierung, und keineswegs nur für die Frauen am Arbeitsplatz. Ganze Arbeitszweige verändern sich durch Rationalisierung grundlegend. Die Büroangestellten und Drucker z. B. kann man bald kaum mehr mit ihren Vorgängern vergleichen. Die Arbeitslosigkeit besonders auch junger Menschen, die Ausbildung von jungen Arbeitern anderer Muttersprache kann uns nicht gleichgültig lassen. Erst kürzlich hat der Nestor der katholischen Soziallehre, der Jesuitenpater Professor von Nell-Breuning in Frankfurt, die Christen ermahnt, sie sollten nicht bei den Menschenrechten und den gesellschaftlichen Tagesereignissen stehen bleiben, sondern Fragen wie Mitbestimmung, Eigentum und Gewerkschaften ernster nehmen.

Ich wage dies an dieser Stelle aufzugreifen, weil diese und ähnliche Probleme keineswegs nur Probleme einer Schicht sind, sie berühren und bedrängen unsere ganze Gesellschaft. Ihre Lösung bedarf der Zusammenarbeit aller Betroffenen.

Am heutigen Tag hält die Arbeiterschaft weltweit inne. Gewiß wird dieser Tag in verschiedenen Gegenden und unter den verschiedenen Systemen verschieden gefeiert. Dies kann uns nicht hindern, daß der 1. Mai für uns ein Tag des Dankes an die Arbeiter und ein Tag der Besinnung ist. Bete und arbeite! Nicht Arbeit allein und nicht Gebet allein, und wenn Arbeit, dann soll die Arbeit eines jeden Menschen des Menschen würdig sein.

Hessischer Rundfunk 1979

»Ausländer« in Frankfurt

Seid heilig, denn ich, der Herr, euer Gott, bin heilig. Wenn bei dir ein Fremder in eurem Land lebt, sollt ihr ihn nicht unterdrücken. Der Fremde, der sich bei euch aufhält, soll euch wie ein Einheimischer gelten, und du sollst ihn lieben wie dich selbst. Denn ihr seid selbst Fremde in Ägypten gewesen. Ich bin der Herr, euer Gott.

Lev 19,2.33.34

»Leben mit Menschen anderer Sprache und Kultur« ist eines der wichtigsten Probleme in unserer Stadt. »Andere Menschen« leben hier nicht nur als Touristen, sondern als Einwohner, Mitbürger, Kollegen, Nachbarn. Wie wichtig das Problem ist, zeigen die Emotionen, mit denen es diskutiert wird, und nicht nur im Wahlkampf. Das zeigten die vorangehenden drei Fastenpredigten, die bei der Jugend, bei den Frauen und bei den Schulen notwendig auch auf »die Menschen anderer Sprache und Kultur« kamen.

Diese Predigt ist keine wissenschaftliche Analyse unsrer Gesellschaft und ihres Anteils an Ausländern. Es geht weder um eine sozialpolitische noch um eine staatspolitische oder rechtliche Stellungnahme, so nötig alle diese Betrachtungsweisen sind. Es geht um eine Besinnung, um meine Besinnung vor Gott und dem Nächsten: Wie lebe ich mit Menschen anderer Sprache und Kultur in dieser unsrer Stadt zusammen? Entspricht mein Denken und Verhalten ihnen gegenüber dem Willen dessen, der mich und »die andern« geschaffen hat und liebt?

Was jetzt ansteht, ist also eine Gewissenserforschung. Was müßte sich im Blick auf Jesus Christus in meinem Denken und Leben ändern, und was kann bleiben, wenn ich einem »Ausländer«, wie man sagt, begegne? über ihn rede? von ihm radebrechend und mit kehligen Lauten angesprochen werde? wenn eine Horde ausländischer Kinder laut in die Straßenbahn stürzt? wenn im Gottesdienst eine vielköpfige lebhafte Ausländerfamilie sich neben mich stellt? wenn Arbeitslosigkeit deutschsprechende Kollegen befällt, während Arbeiter anderer Sprache weiter Beschäftigung haben? wenn sonderbare Düfte aus offenen Fenstern in die Straße wehen? Kurz, wenn soviele andere, an manchen Orten der Stadt geradezu massiert, auf eine fremde Weise sich ungeniert bewegen, als seien sie hier bei uns daheim? Jeder Vierte in Frankfurt ist nicht deutscher, sondern anderer Muttersprache, mit anderen Lebensgewohnheiten, mit anderer Kultur.

Diese Gewissenserforschung gehört in ein katholisches Gotteshaus. Sie geht nicht die Bürger unsrer Stadt im allgemeinen, sie geht uns katholische Gemeinden zu allererst und ganz besonders an. Zwei Drittel der rund 155000 Einwohner anderer Muttersprache und Kultur in Frankfurt bekennen sich als »römisch-katholisch«. Sie sprechen dasselbe Glaubensbekenntnis wie wir ansässige Katholiken, zahlen dieselbe Kirchensteuer, unterstehen demselben Bischof, in Frankfurt also dem Bischof von Limburg, und gehören zu der katholischen Pfarrgemeinde, in deren Gebiet sie hier in Frankfurt wohnen, mit demselben aktiven und passiven Wahlrecht für den Pfarrgemeinderat wie die deutschen Pfarrmitglieder. Die Katholische Kirche ist eine, ist Weltkirche: Wo immer auf der Erde man lebt, ist man in der Katholischen Kirche daheim. So jedenfalls gilt es.

Es war darum konsequent, den Ausdruck »Ausländer« zu vermeiden. Die Kirche kennt keine Ausländer. Auch »Gastarbeiter« kam nicht in Frage, denn Gäste läßt der Gastgeber, der sie eingeladen hat, nicht arbeiten. Auch Fremder oder fremder Sprache wollte man vermeiden, weil in der Kirche die Fremden Nahe geworden sind in Christus Jesus. So entschied man sich für den umständlichen Namen »Katholiken anderer Muttersprache«, zu denen man nun freilich auch die Österreicher und Deutsch-Schweizer zählen muß. Das umständliche Wort zeigt, daß hier wohl Wortkosmetik betrieben wurde, gut gemeint und notwendig, daß aber das

Problem darunter weiter besteht. Es geht um die alte Frage nach dem »anderen«. In neuerer Zeit hat Jean Paul Sartre sie dahin beantwortet: »Die Hölle – das sind die anderen« (in: »Bei geschlossenen Türen«, Ende). Was sagen wir Christen dazu?

*

Wir kennen das Sprichwort: »Was der Bauer nicht kennt, das frißt er nicht.« Das Neugeborene schreit, wenn es aus dem bergenden Mutterschoß kommt und das Licht der Welt erblickt. Es erschrickt noch lange, wenn sich ihm ein Gesicht, ein Geräusch nähert, das es nicht schon erlebt hat. Und selbst wenn Kinder größer geworden sind, dann können sie – zum Ärger der stolzen Eltern – plötzlich »fremdeln«, wie man mancherorts sagt, wenn ein fremder Onkel sie liebevoll anspricht.

Im diesjährigen Brief über die »sogenannten Fernstehenden« schreibt unser Bischof: »Neues und Ungewohntes weckt oft Ängste.« Sehr dankbar war ich einem Mitbruder anderer Muttersprache, der einmal sagte: Ich verstehe gut, daß in Frankfurt die ansässigen Deutschen Angst haben vor so vielen Ausländern. Wenn sie – sagte er – etwa vor oder in einem der großen Kaufhäuser auf der Zeil stehen, dann müssen sie sich als Minderheit vorkommen in dem lauten und sich stoßenden Trubel der untereinander wieder sehr verschiedenen Ausländergruppen, die da einkaufen. »Neues und Ungewohntes weckt oft Ängste.« Der Zuzug von Tausenden anderer Muttersprache, Sitte und Kultur nach Frankfurt nach dem Kriege war »neu und ungewohnt«, die ansässigen Deutschen waren darauf nicht vorbereitet. Was Wunder, daß auch hier das Wort des Bischofs recht behielt: »das weckte Ängste«. Vergessen wir aber nicht: Angst ist ein schlechter Ratgeber! Leicht bilden sich Vorurteile wie: Die Ausländer haben kein Benehmen, die wollen hier nur Geld machen und gut leben und hinterher noch die Renten kassieren. Vorurteile erhöhen die Angst und wecken Gefühle der Abneigung: Müssen wir uns das gefallen lassen?

Wenn dann noch wirtschaftliche Schwierigkeiten kommen wie Inflation und Arbeitslosigkeit, dann erfindet die Angst den Sündenbock. Wir Deutsche wissen das: Bisher gaben die Juden den Sündenbock ab – ich erinnere an Hitlers Hetzparolen in der Wirtschaftskrise der dreißiger Jahre und das bittere Ende danach. Sollen heute oder morgen die Ausländer den Sündenbock abgeben? Beide Gruppen kann man leicht ausmachen an Andersartigkeiten in Gesicht und Religion, in den Sitten und Bräuchen, die fremd, rätselhaft und damit auf manche so bedrohlich wirken wie auf ein kleines Kind ein unbekanntes Gesicht. Vor fünfzig Jahren schrie man: »Juden raus.« Hoffentlich bleiben die Kritzeleien »Ausländer raus« Gelegenheitsschmierereien einer Minderheit, die bei der letzten Wahl in den hessischen Gemeinden nur 1 Prozent Stimmen erhielt.

Aber dieser minimale Prozentsatz darf uns nicht beruhigen. Man muß Einstellungen von Mitmenschen, Vorurteile und die darunter zitternde Angst ernst nehmen. Es gibt Bürger in dieser Stadt, denen das Leben mit Ausländern in Frankfurt neu zum Problem wurde, als ihr Kind in einen Kindergarten sollte, in dem nicht nur 17, sondern über 70 Prozent Kinder verschiedene andere Muttersprachen sprechen und davon wieder mehr als 35 Prozent Nicht-Christen, die meisten Moslem, sind. Auch ausländische Eltern fragen, wie denn in solchen Fällen, die es in Frankfurt gibt, die ausländischen Kinder in unsre Gesellschaft integriert werden können. Die genannten deutsch- und anderssprachigen Eltern und die Erzieher im Kindergarten habe ich als aufgeschlossen und tolerant kennengelernt, aber gegen die autoritäre Verhängung von Tabus wehren sie sich. Man muß miteinander offen sprechen. Selbst Vorurteile, wenn sie es sind, können weder totgeschwiegen noch totgeredet werden.

»Neues und Ungewohntes weckt oft Ängste«, und Angst

fördert Vorurteile, und Vorurteile führen nicht selten zu Aggressionen. Wie begegnet man den Vorurteilen und der darunterliegenden Angst, um Aggressionen zu verhüten?

Ein Weg ist die Information und das kritische Überprüfen von Einstellungen und Vorurteilen. Was nicht mehr »neu und ungewohnt« ist, was vielmehr vertraut und durchschaubar wird, erscheint weniger bedrohlich. Sind z. B. die »Ausländer«, um noch einmal den gängigen Ausdruck zu gebrauchen, lästige Eindringlinge bei uns, auf die wir besser verzichten sollten?

Das gewiß nicht, denn ihr Dasein bei uns ruht auf Tatsachen, die wir selbst geschaffen und zu verantworten haben.

Erste Tatsache ist es, daß wir bald nach der Währungsreform für die sich entfaltende soziale Marktwirtschaft in der Bundesrepublik Arbeitskräfte angeworben haben. Dies geschah im Einvernehmen von Unternehmern und Gewerkschaften.

Zweite Tatsache ist es, daß im werdenden Europa und darüber hinaus qualifizierte Arbeiter warteten, die in ihrer Heimat keine Arbeit finden konnten. So kam es zu Staatsverträgen zwischen der Bundesrepublik und anderen Ländern, darunter Länder der Europäischen Wirtschaftsgemeinschaft. Wenn heute die Bundesrepublik nach einem verlorenen Krieg und in einem schwer zerstörten und verkleinerten Territorium einen hohen Lebensstandard hat, so verdankt sie das zwei Gruppen, die erst nach 1945 zu uns kamen: den 11 Millionen deutschen Heimatvertriebenen aus dem Osten und den Millionen angeworbenen Arbeitern anderer Muttersprache und Kultur aus anderen Ländern.

Dritte Tatsache ist: Mit den Arbeitskräften kamen, wie bei den Heimatvertriebenen, auch deren Familien. Das Wort ist richtig: Wir erwarteten Arbeitskräfte, und es kamen Menschen. Und diese Menschen brauchten nicht nur kurzfristig Arbeitsunterkünfte, sondern Wohnungen, Kindergartenplätze, Schulen, Ausbildungsstätten, Kirchen, Freizeiteinrichtungen. Wenn nicht alles täuscht, werden viele der jüngeren Generation dieser Menschen allen in Deutschland lebenden Senioren die Renten ganz entscheidend sichern helfen.

Vierte Tatsache ist es, daß 1933 bis 1945 zahlreiche Deutsche, darunter nicht wenige Christen und Juden, in anderen Ländern Asyl suchten und fanden, weil sie in ihrer Heimat verfolgt wurden. Es war ein Akt der Dankbarkeit und Fairneß, daß wir Deutschen nach dem Kriege in unserm Land ebenfalls die Tür für Asylanten weit aufmachten. Wir haben in der Tat ein großzügiges Asylrecht. Es hätte uns schlecht gestanden, anders zu handeln. Die politischen Verhältnisse in der Welt entwickeln sich so, daß aus Ost und West aus politischen und religiösen Gründen Menschen vertrieben oder zur Auswanderung gedrängt werden. Ich nenne nur die Kurden, Afghanen, Vietnamesen, Uganda-, Chile- und Armenier-Christen.

Gern weise ich in diesem Zusammenhang auf die Arbeit der Ackermann-Gemeinde in Frankfurt hin. Seit Jahrzehnten dient das Heim im Unterweg Verfolgten der verschiedensten Sprache, Hautfarbe und Kultur. Heimatvertriebene aus dem Sudetenland helfen seit Jahren Flüchtlingen und Vertriebenen aus anderen Zonen! Sie vergaßen und verdrängten nicht, was sie erlitten, sie rechneten auch nicht die eigenen Opfer auf, sondern leisteten Hilfe für neue Schicksalsgenossen in unserer grausamen Welt. Der Hohe Kommissar der UNO für das Flüchtlingswesen mußte kürzlich veröffentlichen, daß es seit dem zweiten Weltkrieg insgesamt 60 Millionen Vertriebene und Flüchtlinge gibt, davon liegen heute noch 14 Millionen auf der Straße. Jeder weiß, daß die wachsende Zahl der Asylanten große Probleme aufwirft. Diese müssen wir ruhig und konsequent zu lösen suchen im Interesse derer, die wirklich Asylanten sind und unsere Hilfe brauchen.

Fünfte Tatsache ist es, daß die Kirche von Anfang an bei der Ansiedlung der auswärtigen Arbeitnehmer mitgewirkt hat. Mit Recht durfte sie sich, vor allem beim schwierigen

Anfang dieser Entwicklung, als Anwalt der Arbeiter anderer Muttersprache verstehen. Schon 1952 erließ der Heilige Vater in Rom die Apostolische Konstitution »Exsul Familia«.

1973 beschloß die Gemeinsame Synode der Bistümer in der Bundesrepublik Deutschland die Richtlinie »Die ausländischen Arbeitnehmer – Eine Frage an die Kirche und die Gesellschaft«. Dieser Beschluß durfte dazu beitragen, daß auch in den Parteien, Betriebsräten und Gewerkschaften der Bundesrepublik eine anfängliche Zurückhaltung den ausländischen Kollegen gegenüber überwunden werden konnte, in Frankfurt arbeiten wir heute vertrauensvoll zusammen.

Das Engagement der Kirche ist nicht vordergründig, sondern in ihrem Wesen begründet. Darum kann und wird sie – zusammen mit ihren Organisationen (wie Caritas und Katholische Arbeiter-Bewegung) und mit den »Gemeinden von Katholiken anderer Muttersprache« und ihren (heimischen) Seelsorgern – nicht darauf verzichten, auch weiterhin für die Menschenwürde und Beheimatung der ausländischen Arbeitnehmer einzutreten.

»Mit andern leben«, dazu verpflichten uns keineswegs nur Tatsachen der jüngsten Vergangenheit, an die wir uns heute vielleicht nur noch schamhaft erinnern möchten. »Mit andern leben« bedeutet ein Geschenk und eine Chance.

1. Frankfurt kennt Zuwanderungen seit dem Mittelalter. Ich nenne besonders die im 16. Jahrhundert aus religiösen Gründen Vertriebenen aus Belgien, Holland, Frankreich und England. Diesen meist reformierten Christen verdankt Frankfurt einen erheblichen Aufschwung z. B. in der Seidenindustrie, Großfärberei und Juwelierkunst. Eine große Rolle spielten die Juden für das wirtschaftliche, später auch für das kulturelle Leben der Stadt. 1590 war etwa der sechste Teil aller Einwohner nichtdeutscher Herkunft und anderer Sprache (vgl. Herbert Leuninger: Frankfurt braucht Einwanderer, in: Frankfurter Hefte Nr. 11/1979). Besonders die katholische Gemeinde in Frankfurt hat Katholiken anderer

Muttersprache viel zu verdanken. Das zeigt schon ein Blick in die Namensliste des Kirchenvorstandes und der Stiftungen am Anfang des 19. Jahrhunderts: Ratazzi, Bolongaro, Crevenna u. a. Ein schönes Beispiel gab der Kaufmann Heinrich Vincenz Johann Buzzi aus Leyden (Holland). Er stiftete 1876 den größten Teil seines Vermögens, »welches sich durch langjährige Geschäftstätigkeit in hiesiger Stadt und glückliches Zusammenwirken der Verhältnisse in bedeutendem Maße vermehrt hatte, für wohltätige Zwecke« (Testament) der Katholischen Kirchengemeinde zu Frankfurt. So entstand das Vincenzhaus in Hofheim, das heute, vom Caritasverband Frankfurt betrieben, als heilpädagogisches Institut für Kinder segensreich wirkt. Der Zuzug von Ausländern nach der Währungsreform war also für Frankfurt nicht ganz »neu und ungewohnt«.

Bedenken wir dazu noch, daß viele Arbeitsplätze, die mit Vorzug ausländische Arbeiter einnehmen, von deutschsprechenden nicht begehrt sind und selbst für Arbeitslose als »nicht zumutbar« gelten, wie bei der Straßenreinigung und der Müllabfuhr. Wenn Frankfurt eine saubere Stadt ist, verdanken wir das schon seit Jahren den Mitbürgern anderer Muttersprache.

2. »Zu unsrer Belehrung geschrieben«, wie Paulus (Röm 15,4) schreibt, sind ganz gewiß die Bestimmungen des Alten Testaments über den Fremdling im Lande. Das prägnante Ausländergesetz im 3. Buch Mose haben wir schon gehört: »Der Fremde, der sich bei euch aufhält, soll euch wie ein Einheimischer gelten, und du sollst ihn lieben wie dich selbst. Denn ihr seid selbst Fremde in Ägypten gewesen.« Die göttliche Weite dieser Bestimmung, die mehr ist als Toleranz, muß um so mehr erstaunen, als auf der andern Seite das Gottesvolk darauf zu achten hatte, daß fremde Götter und Sitten nicht einbrachen in Familien und Gemeinden. Nicht theoretisch spricht Gott zu Mose und dem Volk, sondern existentiell: Er erinnert sie an ihr eigenes Schicksal als Fremdarbeiter in Ägypten.

Allein in der Thora, also in den fünf Büchern Mose, wird sechsundvierzigmal der Fremde dem Rechtsschutz und der Nächstenliebe der Bürger empfohlen und die Ausbeutung der Fremden unter schwere Strafe gestellt. Der Psalmist und die Propheten nennen den Fremden in einem Atemzug mit den einheimischen Witwen und Waisen, für die Gott eintritt. Im Buch der Weisheit erscheint sogar das Wort Fremdenhaß. Fast am Ende (19,13f.) heißt es wörtlich: »Mit Recht mußten die Ägypter leiden, weil sie einen so schlimmen Fremdenhaß gezeigt hatten. Während andere Unbekannte, die zu ihnen kamen, nicht aufnahmen, machten diese sogar Gäste, die ihnen Wohltäter waren, zu Sklaven. Sie haben Gäste, die sie festlich aufgenommen hatten und schon die gleichen Bürgerrechte genossen, mit schwerem Frondienst ausgebeutet.« Es ist gewiß nicht schwer, Parallelen zu finden: Wir haben zwar keine Triumphbogen aufgestellt, aber immerhin die Arbeitnehmer anderer Muttersprache gerufen und angeworben.

3. Wieder einmal wird deutlich, daß der Weg vom Alten zum Neuen Testament gradlinig und kurz ist. Wenn Gott sich mit den Fremden im Heiligen Land wie mit den Geringsten seines erwählten Volkes, den Witwen und Waisen, solidarisiert, dann ist das Wort seines Sohnes Jesus Christus nicht weit: »Ich war fremd, und ihr habt mich aufgenommen ... was ihr dem geringsten meiner Brüder nicht getan habt, das habt ihr mir nicht getan« (Mt 25).

Hier liegt die tiefste Bedeutung des »anderen«. Der andere, auf den ich verwiesen bin, der ganz andere, das ist Gott, der Schöpfer und das Ziel meines Lebens. Ich darf mich nicht in mich selbst zurückziehen, ich muß mein Ich überschreiten und auf den andern zugehen. Dadurch werde ich reicher. Wer sein Leben bewahrt, wird es verlieren (Mk 8,35); wenn das Weizenkorn für sich bleibt und nicht ausgestreut wird und in die Erde fällt, bleibt es allein, unfruchtbar (vgl. Joh 12,24). Der einfache Mensch, der in schmutziger Arbeitskleidung und mit unzureichender Bildung neben mir geht und für mich arbeitet, ist ein Bote Gottes. Wenn ich den links liegen lasse, minder achte als mich selbst und meinesgleichen, dann verfehle ich Gott. Jesus spricht es mit erschreckender Härte aus: »Weg von mir, ihr Verfluchten (Mt 25,41), »ich kenne euch nicht« (Mt 25,12). »Mit andern zu leben« ist eine Existenzfrage für uns. Wenn wir sie im Geiste Jesu beantworten, erleben wir sie als Geschenk und Chance für unser Leben. In Christus Jesus sind »die andern« nicht »die Hölle«, sondern der Himmel.

*

Noch aber sind wir nicht im Himmel, sondern auf dem Wege. Die österliche Bußzeit verlangt von uns Kurskorrekturen. Darum Fragen zur Gewissenserforschung

1. für Christen deutscher Muttersprache:

– Bemühe ich mich, voreilige Meinungen und Vorurteile über »Ausländer« zu unterlassen?
– Suche ich andersartige, fremd wirkende oder unverständliche Bräuche und Verhaltensweisen zu verstehen?
– Bemühe ich mich, die Qualitäten der Menschen anderer Muttersprache wahrzunehmen, wie etwa menschliche Wärme, Herzlichkeit, Familiensinn und Kinderfreundlichkeit, selbstverständliche Hilfsbereitschaft und spontane Gastfreundschaft?
– Freue ich mich über erkennbare Fortschritte der Integration in Kindertagesstätten, Schulen, Ausbildungsstätten, Pfarrgemeinderäten?
– Bin ich bereit, für Christen anderer Muttersprache in meiner Gemeinde Opfer zu bringen durch die Bereitstellung von Räumen, günstige Zeiten für Gottesdienst und Freizeitgestaltung?
– Gehe ich auf Christen anderer Muttersprache zu, oder halte ich mich und meine Familie von ihnen fern?

2. für Christen *anderer* Muttersprache:
- Bemühe ich mich darum, die Deutschen und insbesondere die deutschen Katholiken zu verstehen?
- Nehme ich angebotene Kontakte an und suche ich von mir aus Kontakte mit Katholiken deutscher Muttersprache?

3. für deutsch- *und* anderssprachige Christen:
- Verstehen wir einander als Mitglieder der einen, heiligen, katholischen und apostolischen Kirche?

Dies ist eine Gewissenserforschung der österlichen Zeit. Gebe Gott, daß wir mehr und besser als Christen in dieser Stadt leben.

Fastenpredigt am 29. März 1981

Zu Hause in der Fremde

Liebe Brüder und Schwestern der kroatischen Gemeinde in Frankfurt!
Draga braćo i sestre!

Wieder steht in unserm Dom, Eurer Gottesdienstkirche, die Weihnachtskrippe. Der sie entworfen und gebaut hat, war auch nicht aus Frankfurt, nicht aus Deutschland. Wir freuen uns, daß ein Katholik anderer Muttersprache unserer Domgemeinde diese Krippe gebaut hat, der Künstler Angelotti in Italien. Wir stellen fest, daß diese Krippe Euch ganz besonders gefällt.

Der Stall von Betlehem war für Maria und Josef ein fremdes Haus. Daheim waren sie in Nazaret. Unterwegs nahm sie der Stall von Betlehem auf. Auch die Hirten kamen von auswärts in den Stall, den ihnen der Engel beschrieben hatte. Nach allem aber, was wir wissen, wurde in der heiligen Nacht für alle der Stall von Betlehem zur Heimat. Dies hat das Christkind getan, das Gott den Menschen geschenkt hat. »Seht, ich verkündige euch große Freude: Heute ist euch der Heiland geboren, Christus, der Herr.«

Was bedeutet das für uns? Auch wir sind unterwegs, sind nur Gast auf Erden. Zuhause aber sind wir immer dann, wenn wir bei Gott sind. So freue ich mich, daß Ihr in Frankfurt ein Stück Heimat in unserem Dom gefunden habt. Ich wünsche mit Euren Seelsorgern, daß Ihr regelmäßig und freudig jeden Sonntag hierher kommt.

Und jetzt wollt Ihr in Eure Heimat nach Kroatien zu Vater, Mutter und Geschwistern, und auch dort ist es doch vor allen Dingen das Christkind, das alle zusammenführt und uns alle zu einer großen Familie macht. Von Herzen wünsche ich Euch ein gnadenreiches Weihnachtsfest und ein gesegnetes neues Jahr und denen, die wieder zurückkommen, eine gute Heimkehr.

Das allerletzte Wort sei ein herzlicher Dank an die Patres Franziskaner: die, die bis vor kurzem hier waren, und die, die seit einigen Monaten Eure Seelsorger sind.

Das Christkind segne Euch alle!

Weihnachten 1979

Weihnachtsmarkt und Judenstern

Der Frankfurter Römerberg beherbergt den Weihnachtsmarkt. Im Schatten der alten Nikolaikirche, bunt beleuchtet, liegen, hängen, stehen und drehen sich Sterne. Gebackene Sterne als Schmuck für den Christbaum oder auch nur zur weihnachtlichen Verzierung des Verkaufsstandes. Kein Wunder, sagen wir: auf dem Weihnachtsmarkt der Weihnachtsstern!

Aber da machte ich die bewegende Beobachtung vergangenes Jahr, die ich nicht vergessen kann. Ein paar Schritte vom Weihnachtsmarkt entfernt sah ich einen anderen Stern. An der nahen Paulskirche hing das Plakat einer Ausstellung. Eine verhärmte Frau war darauf zu sehen, und auch sie hatte einen Stern an ihrer zerschlissenen Jacke: den Judenstern, und unten am Plakat las man: Auschwitz. Wer die Ausstellung besuchte – und das taten viele in diesem Advent –, begegnete immer wieder diesem gelben Stern. Und man forschte in den Gesichtern der vielen, vielen Häftlinge, deren Fotos man sah, nach bekannten Zügen, nach Menschen, an denen man schon einmal diesen Stern gesehen hatte. War etwa eine von diesen Tausenden nicht vielleicht die große Philosophin und Ordensfrau Edith Stein? Im Karmel gab man ihr den Namen Teresia Benedicta vom Kreuz. Zum letzten Male sah sie jemand in einem Zug, der nach Osten ging. Oder die Frankfurter Stadtverordnete der Zentrumspartei, Frau von Alken? Auch sie trugen den gelben Judenstern und kehrten nicht mehr zurück in ihre deutsche Heimat.

Sie verstehen: da konnte einem der Appetit vergehen an süßem Sternengebäck, da kann man die Freude verlieren an den glitzernden und sich drehenden goldenen Sternen des

Weihnachtsmarktes und der bürgerlich-behaglichen Weihnachtsfeier.

Dabei ist die Beziehung zwischen dem Weihnachtsstern und dem Judenstern keineswegs zufällig. Ich habe sie nicht erfunden, um Ihnen die unschuldige Freude am Weihnachtsgebäck zu nehmen, die Beziehung ist tief innerlich.

Der Weihnachtsstern, der in der Geschichte von den Weisen aus dem Morgenland vorkommt, weist hin auf den neugeborenen König der Juden. So haben es die Magier verstanden, so auch Herodes. Das Kindelein, zu Betlehem geboren, der holde Knabe im lockigen Haar, den wir in den nächsten Tagen mit unseren innigsten Liedern begrüßen werden, er ist ein Judenkind. Nach allem, was die Schrift uns sagt und durchaus einleuchtend und selbstverständlich erkennen läßt, ist – nach den ausdrücklichen Worten des Paulus – Jesus ein Israelit, ein Jude dem Fleische nach, und durch die Beschneidung am siebten Tage darauf wurde er auch dem Gesetz nach ein Glied des jüdischen Volkes. Schon vor seiner Geburt wird ihm der Thron seines Vaters, des jüdischen Königs David, verheißen und die Herrschaft über das Haus Jakob ewiglich, alles Umschreibungen für das Wort im Johannesevangelium: »Das Heil kommt aus den Juden« (4,9).

Sagen Sie bitte nicht zu früh, daß die leibliche Herkunft Jesu gleichgültig sei für den Glauben und wertlos für unser Heil, es komme einzig und allein auf die Auferstehung des Christus an und auf seine göttliche Abstammung vom Vater im Himmel. Bekanntlich gaben sich schon einmal Theologen, die ernst genommen werden wollten, dazu her, entweder die Abstammung Jesu von einer arischen Familie zu behaupten oder in Christus einen rein geistigen, jenseits aller geschichtlich gewordenen Rassen stehenden Idealmenschen oder auch – viel subtiler – einen nur geglaubten Offenbarer aufzuzeigen.

So aber würde man sich und anderen den Zugang zerstören zum Geheimnis Gottes, dem wir in diesen Tagen nachsinnen. In Jesus von Nazaret ist Gott ein wirklicher Mensch und damit wirklich unser Menschenbruder geworden. Konkret, nicht irgendwie, wollte Gott in geschichtlicher Stunde ein Mensch des jüdischen Volkes werden. Mit seiner wohl hämisch gemeinten Bemerkung hat Friedrich Nietzsche wieder einmal recht: »Und Gott wurde Jude.« In Jesus von Nazaret in Galiläa ist das ewige Wort Fleisch geworden.

Ein geistlicher Mitbruder, der dann später in einem Konzentrationslager für seinen Christusglauben das Zeugnis des Blutes gab, pflegte zu sagen: »Wie dankbar wäre ich, wenn ich mit Jesus Christus nicht nur durch die Eucharistie verbunden wäre, sondern wenn ich tatsächlich durch das Blut seiner Ahnen mit ihm verwandt, sein Bruder wäre!«

Viele Christen haben in den dreißiger Jahren nicht begriffen und begreifen es vielleicht heute noch nicht, daß die Verfolgung und Ausrottung der Juden unter Hitler von vornherein auch die Christen traf. Wenn die jüdische Rasse Untermenschentum ist, dann war auch Christus kein Mensch, und nur der Mensch Jesus Christus kann unser Mittler und Bruder sein.

So wußte sich Jesus wie nach ihm die Apostel, die alle aus dem Judentum kamen, zunächst gesandt zu den »verlorenen Schafen des Hauses Israel« (Mt 10,6; 15,24 u. ö.) denn diesem Volke hatte Gott die Verheißung gegeben, und seine Treue stand und steht noch heute zu seinem Volk und dem Wort, das er ihm gegeben. Es ist und bleibt das auserwählte Volk. Aber sind sie nicht die Gottesmörder und darum von Gott verworfen?

Vielleicht haben Sie die Aussprache auf dem Konzil verfolgt, in der auch das bekannte Wort zur Debatte stand: »Sein Blut komme über uns und unsere Kinder« (Mt 27,25). Hat damit das jüdische Volk nicht selber seine Verwerfung und blutige Verfolgung auf dieser Erde auf sich herabgerufen? Gerade wir Deutschen sollten von vornherein hellhörig sein, wenn einem ganzen Volk eine Kollektivschuld angelastet wird, weil eine Generation in einzelnen ihrer Glieder beteiligt war! Aber wenn Jesu Blut schon auf das ganze Volk herabgerufen wurde: konnten wir Christen, konnten bedeutende Theologen fast aller christlichen Konfessionen zeitweilig vergessen, daß das Blut des Heilandes, wenn es über den Menschen kommt, nicht um Rache, sondern um Vergebung ruft? Was anders soll das Wort des Herrn am Kreuz besagen: »Vater, verzeih ihnen, sie wissen nicht, was sie tun« (Lk 23,34)! Was bei den Juden zur Zeit Jesu Sünde und Schuld war, müssen wir es nicht als einen Teil der geheimnisvollen »heilsgeschichtlichen« Schuld aller ansehen, durch die unser Herr am Kreuz gestorben und so zum Erlöser der Welt geworden ist?

Vielleicht ahnen Sie, daß der christliche Weihnachtsstern dem Judenstern so nahe steht, daß Christen ihn nie zum Schandzeichen hätten machen dürfen. Juden und Christen gehören zum einen Volke Gottes, was uns gerade im Advent mit seinen Liedern und Lesungen so deutlich wird. Die ersten zwanzig Jahrhunderte der gemeinsamen Geschichte von Juden und Christen waren schwer belastet, nicht zuletzt durch uns Christen, die wir die meisten Zeiten in der Mehrheit waren und die Juden unsere Macht fühlen ließen. Aber über beiden Testamenten leuchtet der eine Stern des Königs der Juden mit der Hoffnung, »daß es Christus – der Christen und Juden trennt – ist, der sie untereinander verbindet« (Msgr. Oesterreicher, N.Y.). Den Weg weiß Gott. Uns darf genügen, daß wir den Stern nicht aus den Augen lassen und ihm folgen.

Hessischer Rundfunk, 4. Advent 1965

»Brief des Stadtdekans«

WEIHNACHTEN HAT GOTT GEMACHT

– FÜR SICH UND SEINE »EHRE IN DER HÖHE«;
denn es gefiel Ihm zu offenbaren, was Er ist:
Liebe und Menschenfreundlichkeit.
Gott sagt sich aus in die Welt:
Sein ewiges Wort wurde ein Mensch.

– FÜR UNS MENSCHEN ALLE;
denn Immanuel – Gott mit uns – ist mehr
als nur ein Wort,
ist hier und heute Fleisch und Blut,
Teil unserer Geschichte.

– FÜR DIE ARMEN UND UNMÜNDIGEN;
denn so war es Gott recht,
nichts auszulassen,
sondern mit den letzten, den Verdammten dieser Erde,
sich zu solidarisieren.
»Was ihr dem geringsten Meiner Brüder getan,
das habt ihr Mir getan.«
Nach diesem Maßstab wird richten
Der in der Weihnacht geboren wurde:

JESUS, DER CHRISTUS,
DER RETTER, DER HERR.

Weihnachten 1976

Die Würde des Menschen

»Allmächtiger Gott, du hast den Menschen in seiner Würde wunderbar wiederhergestellt in Christus Jesus, unserm Herrn.«

Oration der Weihnachtsmesse

In einer Pfarrchronik des Jahres 1944 fand ich eine Weihnachtspredigt, die ein Frankfurter Pfarrer* gehalten hat. Der Chronist vermerkt: »Unsere Christmette hielten wir um 16.10 Uhr nach vielstündigem Fliegeralarm.« Die Predigt begann mit den Sätzen:

»Diese Nacht ist die Nacht der feierlichsten und folgenschwersten Sondermeldung, die die Menschheit vernahm: einer Botschaft, die nicht von Schlacht und Krieg wußte, sondern von ›Frieden für die Menschen auf Erden‹.

Einer Botschaft, die um ein *Reich* wußte, nicht um ein irdisches, nicht um ein ›Tausendjähriges Reich‹.

Dieses ›Reiches wird kein Ende sein‹. Und sein König wird ›herrschen über das Volk Gottes in Ewigkeit‹. Diese Botschaft hat im sechsten Kriegsjahr nichts an Ernst verloren. Sie hat gewonnen an Klarheit der Erkenntnis und Bereitwilligkeit der Herzen. In dieser Erkenntnis und in dieser Bereitwilligkeit fragen wir jetzt nach dem *Reich*.

Das Reich beginnt in der Krippe. Wir Heutigen stehen mitten in den Schicksalen dieses Reiches, zwischen Anfang und Ende. Wir haben die Erfahrung vieler Geschichte und sind davon beschwert und getröstet. So schauen wir mit Ergriffenheit auf den Anfang. Gebracht wird das Reich von einem Kind. Geendet wird es von einem Richter, der auf eine geheimnisvolle Weise an allen Stationen dieses Reiches gegenwärtig ist.

Propheten hatten es verkündet. Damals weideten noch die

* Georg W. Rudolphi, Pfarrer an St. Albertus und Sta. Familia – Ginnheim. Er starb am 26. 3. 1971 in Frankfurt (Näheres siehe Klaus Schatz: »Geschichte des Bistums Limburg« 1983, S. 291).

Ziegen, wo später die Akropolis stand. Und die Stätte Roms war noch ein Morast. Die ersten Bürger waren nicht Eroberer, nicht Soldaten, sondern das heilige Paar und die Hirten. Ihnen gesellten sich Weise aus dem Osten zu, die auf eine ergreifende, friedvolle Weise huldigten.

Ein einziges Mal, solange der Stifter auf Erden weilte, ist das Schwert um dieses Reiches willen gezogen worden. Aber er befahl, es in die Scheide zu stecken. Denn in diesem Reiche gilt das Gesetz: ›Wer das Schwert liebt, kommt durch das Schwert um.‹ Seine Macht bedarf nicht der irdischen Waffen. Er wies das Schwert zurück und nahm den Tod. Aber das Reich war gegründet.

In der Krippe war es gegründet. Die Salutschüsse kronprinzlicher Geburt hätten hier keinen Sinn gehabt. Die Welt draußen ging ihren gewohnten Gang. Statthalter und Feldherren übten ihr Amt wie seit je. Philosophen lehrten weiter, eitel und selbstgefällig, oder nachdenklich und wahrheitshungrig. Die beflissenen Großstädter Asiens bauten Tempel des vergötzten Kaisers, und das überstolze Rom sah die Triumphbögen wachsen, einen nach dem andern. Sie ahnten nicht, daß der *Überwinder* all ihrer Macht, all ihrer Gedanken und Hoffnungen, all ihrer Weisheit und ihres Glaubens geboren war. Von Stund an veränderte sich der Wert der Güter in den Händen. Der Stirnreif des Augustus begann zu verblassen. Die Demut der Hirten, die sich vor dem Kinde neigten, war um vieles weiser als alle Einsicht, die von Lehrern der hohen Schule geboten wurde.

Aber dieser Anfang blieb *verborgen.* Er blieb es noch für lange Zeit. Selbst das ungeheuerste Ereignis der Geschichte, der Tod am Kreuz, war nur in den Protokollen des Landpflegers verzeichnet.

Indessen geschah etwas anderes: ein Vorgang von stiller, unwiderstehlicher Gewalt! Das Kind war nicht nur *geboren.* Es wurde *wieder* und *wieder* geboren.

Über die Seelen kam die Nacht von Betlehem. Mit diesen Seelen veränderte sich ein Teil der geschichtlichen Welt. Die

Geburt des allmächtigen Kindes in den Seelen ist die eigentliche *Wiedergeburt*...«

Diese Worte liegen jetzt 37 Jahre zurück, mehr als eine Generation. Wir Deutschen haben schon ein Jahr nach dieser Predigt erfahren dürfen, wie kurzlebig ein »Tausendjähriges Reich« ist. Wie aber hat unser Nachbarland Polen die Jahre nach 1944 erlebt? Daran muß ich in dieser Weihnacht immer denken, und wohl keine christliche Gemeinde auf der Welt darf nicht daran denken. Von der Tyrannei und dem Vernichtungswillen Hitlers zwangen es seine Befreier unter die Knute eines anderen »Reiches«. Niemand muß annehmen, daß die Polen ein heiles Volk ohne Schuld und Tadel sind, auch bei ihnen gibt es Schwächen, Versagen, Schuld wie bei jedem Volk auf dieser Erde.

Was aber dieses Volk in seinem Besten will, wird ihm als Verbrechen ausgelegt und bekämpft: Das Gebet der Weihnachtsmesse wahrzumachen: »Allmächtiger Gott, du hast den Menschen in seiner Würde wunderbar wiederhergestellt in Jesus Christus, unserm Herrn.« In beispielhafter Frömmigkeit sucht Polen die Ehre Gottes in der Höhe zu verkünden, nach Christi Willen und Gebot sein gesellschaftliches Leben zu formen. Gott ist auch für die Polen Mensch geworden. Ihn verehren sie in der schwarzen Madonna von Tschenstochau, die ja eine Mutter mit dem göttlichen Kind auf dem Arm ist. Was aber will die Menschwerdung Gottes in Jesus Christus anders als die Menschen »wiederherstellen«? Um die Würde, die Freiheit des Menschen ging es diesem Volk in den letzten Monaten, die Freiheit der Selbstbestimmung und die Freiheit des Glaubens.

Gewiß: Wir in Deutschland haben seit Jahrzehnten diese Güter wieder und nehmen sie wie selbstverständlich an. Wir haben freilich auch die Wahrheit des Jesuswortes erfahren müssen: Wenn der böse Geist aus einem Haus ausgetrieben ist, dann kommt er wieder zurück mit Geistern, die schlimmer sind als er (vgl. Mt 12,43f.). Auch wir haben uns gegen das Treiben böser Geister zu wehren, aber niemand hindert uns daran, daß wir uns wehren gegen die Habsucht, die nicht genug erraffen kann, den Mißbrauch von Freiheit zum Schaden des Nächsten, die Ausbeutung der Erde und ihrer Schätze ohne Rücksicht auf die kommenden Generationen, die Engherzigkeit und Trägheit – wie jetzt wieder deutlich wurde vor aller Welt angesichts »der entsetzlichen Vorgänge« (Heinrich Böll) in Polen während der letzten dreizehn Tage. Während unsere Kinder aus dem Weihnachtsgebäck die besten Stücke herauspicken und anderes liegen lassen, hungern in Polen Kinder, sterben Menschen früher, weil Medikamente fehlen, weinen in der Heiligen Nacht Menschen in ohnmächtiger Trauer und Wut, weil Menschenwürde, Freiheit und der Glaube an das Christkind auf das schwerste bedroht sind.

In dieser finsteren Stunde Europas, ja der ganzen Welt steht jedoch unüberholt und neu wie je die Botschaft, die wir soeben im Festtagsevangelium des Johannes gehört haben: In aller Finsternis »leuchtet das Licht..., das wahre Licht, das jeden Menschen erleuchtet«, Mächtige und Schwache, Verfolgte und Verfolger, Deutsche und Polen, Russen und Amerikaner. »Dieses Licht kam in die Welt«, es ist da – wenn wir es nur erkennen und ergreifen, wenn wir Ihn nur aufnehmen wollten! »Allen aber, die ihn aufnehmen, gibt er Macht, Kinder Gottes zu werden.«

Unsere Weihnachtsantwort 1981 kann nur dieser Drei-Schritt sein:

1. Wie der Sekretär der Deutschen Bischofskonferenz kürzlich im Fernsehen sagte: Wir Deutschen dürfen nicht länger zögern, in den Schrei der Völker einzustimmen für Einigkeit und Recht und Freiheit – nicht nur »für das deutsche Vaterland«, sondern auch und gerade für das polnische Volk.

2. Alle Zeugen aus Polen bitten um Spenden in der Not. Caritaspräsident Hüßler hat in derselben Sendung am 23. Dezember garantiert, daß die Gaben über unsere Kirche die erreichen, für die sie bestimmt sind.

3. Spenden könnten auch Gruppen schicken, die Freiheit und Menschenwürde der Polen nicht im Sinne haben. Eines aber können sie nicht: der Bitte entsprechen, die am 13. Dezember einem evangelischen Pfarrer aus Frankfurt in Warschau mit auf den Weg gegeben wurde: »Wenn Sie nach Hause kommen, sagen Sie Ihren Leuten, sie sollen für uns beten.«

Weihnachten 1981

Feier der Erstkommunion?

Hilfe! Besuch! Wenn es nur der Pate oder die Patin wäre, aber was drängt da nicht alles zum großen Ereignis: Klein-Fridolin geht zum erstenmal zum Tisch des Herrn.

Der Mutter wird schwül und bange. Klein-Fridolin wird heute nichts von seinem Vater und seiner Mutter haben: Der Besuch! Der Besuch! Ein Heerlager von Übernachtungen und ein Riesentisch von Essern und Trinkern in der kleinen Wohnung mit der viel zu kleinen Küche. Und wenn man in eine Gaststätte geht, wird es da nie so gemütlich sein wie daheim – und der Trubel bleibt doch.

Muß das so sein? Ich kenne Familien, die den Tag der ersten heiligen Kommunion ihres Kindes im engsten Kreis der Familie begehen, nur die Paten und ein wirklich lieber Verwandter, der dazugehört, nehmen daran teil. Die Feier ist einfach, familiär, intim, mit viel Zeit für das Kind. Das Wesentliche steht im Mittelpunkt, einprägsam.

Am Sonntag danach, dem Oktavtag (Nachkirmes heißt es im Dorf), lädt dann die Familie Gäste ein, werden eventuelle Geschenke überreicht, findet der große Familientreff statt, das rauschende Fest, von einer nachmittäglichen Dankandacht ungestört. Was sagen Sie dazu?

»Domgemeinde« 1981

Fronleichnam

Diese Predigt wurde 1968 bei der Fronleichnamsfeier auf dem Frankfurter Römerberg vor etwa siebentausend Gläubigen gehalten. An eine Eucharistiefeier, d. h. ein Hochamt in Concelebration von Frankfurter und ausländischen Pfarrern, schloß sich eine eucharistische Prozession (mit der Hostie in der Monstranz und mit den von der Austeilung übriggebliebenen Brothostien) vom Römerberg zurück in den Dom an. Die Feier war als Statio urbis gedacht, die von den 15 Gemeinden der Innenstadt und 9 Missionen in Frankfurt (Italiener, Spanier, Kroaten, Slowenen, Franzosen, Letten, Portugiesen, Tschechen, Amerikaner) begangen wurde. Im Zentrum der Stadt gibt es keinen Raum, der so viele Menschen zum Gottesdienst versammeln könnte. So bot sich der Römerberg im Schatten des Domes an. Besonders beeindruckte, daß jede Nation bzw. Volksgruppe in ihrer Sprache Fürbitten vortrug. Gesungen wurde überwiegend Gregorianischer Choral, aber auch einige deutsche (»protestantische«) Choräle, denen Texte in andern Sprachen unterlegt sind. An der Prozession zurück in den Dom beteiligten sich namentlich die ausländischen Katholiken, die aus ihrer Heimat Wallfahrten und Prozessionen besonders lieben.

Erst als schon grau gewordener Seelsorger bekam ich die Texte des Tridentinums zu Gesicht, die offenbar noch immer die Einstellung evangelischer Christen gegen die Fronleichnamsprozession bestimmen. Von Kindheit auf habe ich oft Fronleichnam mit einer großen Prozession im Mittelpunkt erlebt, habe darin aber ein Bekenntnis »von den Dächern« (Mt 10,27) für den Herrn gesehen. Eine Demonstration des »wahren Glaubens« gegen die »Irrgläubigen« kam mir nie in den Sinn. So fand ich es nicht erstaunlich, als ich nach 1933 hörte, daß evangelische Christen in München gebeten hätten, bei der großen Stadtprozession an Fronleichnam mitgehen und so ebenfalls ein offenes Zeugnis für den gemeinsamen Herrn ablegen zu dürfen. Wenn trotzdem in den letzten Jahren die Prozession gegenüber der Eucharistiefeier zurücktritt, so liegt das an einem geläuterten biblischen und liturgischen Verständnis der Eucharistie, die ja die Gestalt eines Mahles hat.

Im Jahr 1969 wählten wir in Frankfurt die oben geschilderte Form wieder. Pfarrer Kühn, Darmstadt, der der Feier beiwohnte, und ich unterhielten uns dann über diese Art einer Fronleichnamsfeier im Hessischen Rundfunk und kamen zu weitgehender Übereinstimmung. Die Predigt, nach der Verlesung der Epistel (1 Kor 11,23–29) und des Evangeliums (Joh 6,56–59), wurde übrigens durch meditative Worte eines Geistlichen Sprechers während der Feier vertieft.

In Rußland wurde ein Bild gezeigt, man könnte sagen: eine Ikone eigener Art. Ein orthodoxer Priester im prächtigen Ornat hält einen kostbaren Kelch mit den eucharistischen Gaben in der Hand, vor ihm drängen sich verhungerte und armselig gekleidete Gestalten, Männer, Frauen, Kinder. Ihnen reicht er mit der anderen Hand das eucharistische Brot aus dem Kelch. Unter dem Bild steht als Motto: Ob das wohl satt macht? Diese »Ikone des Atheismus« will ohne Frage die Eucharistie verhöhnen. Das Bild diente vor Jahren der Gottlosenbewegung als Plakat.

Der Christ wird ihm aus gläubigem Herzen wiedersprechen, sagt ihm doch die Heilige Schrift: »Mein Fleisch ist eine wahre Speise, und mein Blut ist ein wahrer Trank... Wer dieses Brot ißt, wird leben in Ewigkeit« (Joh 6,55f.). In diesem Glauben sind wir hier und heute versammelt.

Dennoch spüren auch wir Christen aus dem gehässigen Bild des Atheismus einen Anruf zur Besinnung und Verantwortung heraus. Macht das eucharistische Brot wirklich satt, ja, darf es die Gläubigen satt machen? Die Heilige Schrift berichtet uns, daß der Herr das eucharistische Brot nicht als einen Ersatz betrachtet für das Brot, das den Hungernden für dieses Leben aus Gerechtigkeit und Liebe gereicht werden muß. Ja, der Bericht von der Speisung der Tausende in der Wüste, an die sich die oben zitierten Worte des Herrn in der Synagoge von Kapharnaum anschließen, zwingt den Hörer des Wortes zur Nachdenklichkeit. Erst, so berichtet die Schrift (Mk 8,2), spricht der Herr sein »Misereor – Mich erbarmt des Volkes« und sorgt, daß die, die ihm unter Strapazen viele Stunden in die Wüste gefolgt sind, sich lagern können und zu essen finden. »Misereor« wurde mit Recht von den deutschen Katholiken als Anruf verstanden, »gegen Hunger und Krankheit in der Welt« anzugehen, und zwar unter persönlichen Opfern und Verzichten. Der Apostel Jakobus, einer der gehorsamen Austeiler des Brotes in der Wüste, schrieb Jahre später an die Gemeinden (2,15): »Wenn ein Bruder oder eine Schwester ohne Kleider sind und nichts haben zum täglichen Essen und jemand von euch sagt zu ihnen: Gehet in Frieden, wärmt und sättigt euch, und ihr gebt ihnen nicht, wessen sie für ihren Leib bedürfen, was hat das für einen Wert? So ist auch der Glaube, wenn er nicht Werke hat, in sich selber tot.« »Denn in Christus Jesus gilt der Glaube, der sich wirksam erweist durch die Liebe« (Gal 5,6).

Wir wollen der hämischen Frage nicht ausweichen: Macht das eucharistische Brot die Christen, die es empfangen, satt? Kategorisch muß man darauf antworten: Wen dieses Brot satt macht, der ißt dieses Brot unwürdig und »ißt sich das Gericht, da er den Leib des Herrn nicht unterscheidet« (1 Kor 11,29) vom üblichen Brot, denn dieses Brot macht hungern und dieser Trank macht dürsten nach der Gerechtigkeit (vgl. Mt 5,6). Wen dieses Brot satt macht, hat den Klageruf des Herrn »Wehe den Satten« (Lk 6,25) auf sich zu beziehen.

Warum? Das eucharistische Brot ist der Leib des Herrn, »der hingegeben wird« (Lk 22,19), der eucharistische Trank ist das Blut des Herrn, »das vergossen wird für die Vielen« (Mk 14,24). In der heiligen Eucharistie ist Jesus Christus wahrhaft und wirklich zugegen als der, der am Kreuz sein Leben für die Menschen in Liebe dahingab. Dieses Brot der Hingabe empfangen wir am Tisch des Herrn mit dem einen Ziel: daß auch wir gläubigen Kommunikanten Menschen der Hingabe für die Vielen werden. Das eucharistische Brot will uns befähigen, mehr und selbstloser zu lieben. Es will den sozialen Sinn vertiefen, die soziale Verantwortung stärken und die brüderliche Tat provozieren, besonders für die Armen auf der Schattenseite des Lebens.

Am Tisch des eucharistischen Mahles können die Christen nicht satt sitzen bleiben. Der Entlassungsruf der zelebrierenden Priester: »Ite missa est – Gehet hin«, sagt ihnen, daß sich nun zu bewähren hat, was im sakramentalen Zeichen dargestellt wurde. Auch eine anschließende Prozession mit dem Allerheiligsten, dem eucharistischen Brot also, kann nur ein Zeichen dafür sein, daß die Christen aufbrechen aus ihrer sakramentalen Abgeschlossenheit in die Zerstreuung des täglichen Dienstes am Nächsten. Die Prozession muß übergehen in den Prozeß christlicher Bewährung im Alltag. Was dem einzelnen das eucharistische Brot an Leben, Verpflichtung, Freude und Kraft gegeben, gilt es nach Haus, in die Betriebe, in die Nachbarschaften, in die Öffentlichkeit zu tragen. Solange noch der größere Teil der Menschheit ohne eine sättigende tägliche Nahrung, ausreichende Bildung und einen menschenwürdigen Frieden vegetieren muß, kann das Brot des Herrn den Christen nicht sättigen, es muß ihn unruhig machen und hungern und dürsten nach Gerechtigkeit. Das eucharistische Mahl ist Vorbild, Stärkung und Verpflichtung. Erst das hochzeitliche Mahl der Endzeit wird in ewiger Ruhe begangen werden, wenn »Gott ist alles in allem« (1 Kor 15,28). Jetzt gilt die Hingabe an die Brüder. »Denn was ihr dem geringsten meiner Brüder nicht getan, das habt ihr auch mir nicht getan« (Mt 25,45), sagt uns der Herr im Brot. Was wir aber dem Geringsten und Bedürftigsten tun, ist ihm getan. Amen.

Römerberg 1968

*

»... hinaus zum Ölberg«
Mk 14,26

Der Römerberg wird neu gestaltet. Darum feiern wir dieses Jahr Fronleichnam auf dem Liebfrauenberg. Der festliche Rahmen darf nicht übersehen lassen, worum es Jesus beim Letzten Abendmahl vor seinem Sterben geht. Er »gibt seinen Leib und sein Blut dahin« (Mk 14,22ff.), und wir sollen dasselbe tun zu seinem Gedächtnis. Damit will er sagen: Es darf euch nie um euch allein gehen. Es muß uns gehen um »die vielen«, also um die andern. Gewiß dürfen wir festlich

Mahl halten in Freuden, aber dabei seinen ernsten Anruf nicht überhören. Wir dürfen »den Lobgesang beten« aus fröhlichem Herzen, aber den Gang »hinaus zum Ölberg« nicht scheuen. Wir dürfen und wir sollen innehalten und feiern, aber aus der Kraft dieser Speise aufbrechen für Recht und Gerechtigkeit und die Liebe unter den Menschen, wie Er getan.

Keine 500 m von hier steht ein schmales Mietshaus. Vor einem Jahr etwa wurde den Mietern gekündigt, das Haus solle abgerissen werden. Die Leute, alte Frankfurter darunter, zogen aus. Das leerstehende Gebäude wurde geplündert, Scheiben zertrümmert, ein Nistplatz für Tauben. Heute wohnen elf ausländische Familien in diesem Loch. Jede von ihnen zahlt pro Monat DM 340,–, dazu die Umlagen. Alles, was zu renovieren ist, haben die Mieter zu tragen. Wenn das Jahr um ist, hat der Eigentümer rund 45000 DM kassiert. Der Bürgermeister und zuständige Dezernent im Magistrat unserer Stadt hat mich gebeten, ihm dieses Beispiel von Ausbeutung und Mietwucher zu unterbreiten. Ich habe es getan. Wird das genügen? Wird z. B. ein deutsches Gericht, wenn es zur Klage kommt, ein Urteil sprechen nach dem, was Recht und Gerechtigkeit verlangen? Wird es damit beitragen, daß solche himmelschreienden Verhältnisse geändert werden?

Mit diesem öffentlichen Hinweis mißbrauche ich mein Amt als Prediger nicht. Die Heilige Schrift belehrt uns, daß Gott die Ausbeutung und den Wucher verurteilt (z. B. 2 Mos 22,25; Ez 18,13 ff.) und sich als Anwalt der Rechtlosen versteht. In seinem Namen spreche ich.

Unser Engagement für Brasilien und unsere Proteste gegen Unrecht in andern Ländern wirken unglaubwürdig, wenn wir nicht bei uns beginnen. Hat der achtzigjährige Sozialwissenschaftler, der Jesuitenpater Oswald von Nell-Breuning, recht, wenn er feststellt, der soziale Katholizismus sei sanft entschlafen?! Stimmt es, daß in der Bildungsarbeit der Gemeinden soziale Themen wie Mitbestimmung,

Bodenreform, Entwicklungshilfe, Wohnungsnot kaum behandelt werden, weil das Interesse fehlt? Hat Kurt Tucholsky recht: Nichts langweilt mehr als fremder Hunger? Ich gebe meinen Betrag für Misereor – gegen Hunger und Krankheit in der Welt, aber mich stundenlang mit diesen Fragen zu beschäftigen und eine Lösung von Grund aus zu suchen, liegt mir nicht auf! Oder dürfen wir im »Hungermarsch der Jugend« am vergangenen Samstag und in den Begegnungstreffen einzelner Gemeinden mit ausländischen Mitbürgern doch Zeichen eines erwachenden Gewissens sehen?

Feiert Fronleichnam! Singt den Lobgesang mit Freuden! Empfanget den Leib des Herrn als kostbare Speise – geht aber dann auch »mit ihm zum Ölberg«. Der Weg ist nicht weit! Dort hat der Herr gebetet: »Nicht was ich will, sondern was du willst, soll geschehen« (ebd. 14,36). Gottes Wille ist einfach: daß alle Menschen die Liebe erfahren – nicht nur hören, sondern erfahren – durch einen lebendigen Christen in der Nachfolge seines Herrn.

Liebfrauenberg 1970

Diese Fronleichnamspredigt hatte ein ungewöhnliches Echo: eine Tageszeitung brachte eine Reportage über das Haus, eine katholische Wochenzeitung veröffentlichte die Predigt als Beispiel für »konkrete Verkündigung«, und das Fernsehen nahm später ein Interview »am Tatort« und im Abbruchhaus auf. Den nicht genannten Mietern konnte geholfen werden.

*

»Ihr verkündet den Tod des Herrn«
1 Kor 11,26

Am vergangenen Sonntag war ich mit evangelischen Amtsbrüdern in unserer französischen Partnerstadt Lyon. Kardinal Renard, der Erzbischof von Lyon, hatte uns eingeladen. Man beging das Gedächtnis der 48 Christen, die im Jahre 177, also vor jetzt 1800 Jahren, als Blutzeugen für ihren und unsern Herrn Jesus Christus gestorben sind. Das Jubiläum wurde ökumenisch gefeiert, da alle Christen in Ost und West in diesen Martyrern der christlichen Frühzeit die Vorfahren ihres Christusglaubens erkennen und verehren dürfen.

Warum erzähle ich das heute und hier auf dem Römerberg bei unserer Fronleichnamsfeier?

Zwei Gründe bewegen mich. Einmal die Tatsache, daß diese ersten Christen diesseits der Alpen um des heiligen Abendmahls willen starben, das wir jetzt feiern wollen. Viele von ihnen waren als Arbeiter aus dem Orient, der heutigen Türkei, in die römische Stadt an Rhône und Saone gekommen. Die Einheimischen warfen ihnen vor, bei ihren Zusammenkünften verzehrten sie das Fleisch eines Menschen, den sie Christos nannten. Sie konnten das grobe Mißverständnis nicht aufklären, so starben sie im Glauben an die wahre Gegenwart des lebendigen Christus in den Gestalten von Brot und Wein. Und das ist der zweite Grund, ihrer zu gedenken: sie machten das Wort der Lesung wahr: »Sooft ihr dieses Brot esset und diesen Kelch trinket, verkündet ihr den *Tod* des Herrn« (s. o. 1 Kor 11,26). Die Feier des Abendmahles, die heilige Eucharistie, wo immer sie und wie festlich immer sie begangen wird, hat mit Tod und Sterben zu tun. Unser Herr Jesus Christus hat seinen Leib dahingegeben, sein Blut vergossen aus Liebe. Wer in Lyon das Amphitheater des Jahres 177 betritt, dessen Ruinen man ausgegraben hat, wird – wie wir am vergangenen Sonntag – von der Vorstellung bedrängt: dieser Boden trank das Blut der Zeugen, Männer und Frauen, Jugendlichen, des greisen Bischofs Potheinos, der aus Smyrna stammte. Die Farbe ihres letzten Dienstes war das Rot ihres Blutes, sie verkündigten in Tat und Wahrheit den Tod des Herrn.

Alle Feierlichkeit heute kann nur Zeichen sein dafür, daß auch wir den Herrn gern haben. Daß wir leben wollen, wie er gelebt hat. Daß wir Abschied nehmen wollen Tag für Tag von der eigenen Bequemlichkeit und Laune, vom Egoismus und der Gleichgültigkeit, und seinen Weg gehen wollen, den Weg der Güte und der Hilfe, des Opfers und der Hingabe, bis er wiederkommt.

Gern gebe ich in Frankfurt die Frage weiter, die der Vorsitzende der französischen Bischofskonferenz, Bischof Etchegaray, den Christen unserer Patenstadt Lyon beim Jubiläum vorlegte: Sind wir die Kirche der Martyrer? Die Frage, einmal gestellt, läßt sich nicht in ein paar Minuten und ein paar Sätzen beantworten. Sie ist eine bohrende Frage, die uns ein Jahr und mehr beschäftigen, beunruhigen kann. Denn wenn wir die Kirche der Märtyrer nicht mehr wären: was sind wir denn dann noch und überhaupt?

Damit habe ich freilich schon eine Antwort gegeben: das Zeugnis, die Verkündigung, die Demonstration im tiefen Sinne des Wortes mag wohl hier beginnen im Ernst der Besinnung und in der Kollekte für das Internationale Familienzentrum in unserer Stadt; die Hauptsache geschieht hier nicht! Sie geschieht für jeden einzelnen, für jede Gruppe und Gemeinde nach diesem Gottesdienst: im Hause, am Arbeitsplatz zwischen deutschen und ausländischen Kollegen, neben Freunden und neben Gegnern, im beunruhigten Wissen um Arbeitende und Arbeitslose, in der Johann Wolfgang Goethe-Universität, in der Schule, im Elternbeirat, in der Pfarrgemeinde, aber auch drüben im Römer, im Parlament und seinen Ausschüssen, die nach der Wahl ihre Arbeit aufgenommen haben.

Sind wir eine Kirche der mutigen Zeugen? kann man schlicht auch so formulieren: Wird man von den Christen der End-70er Jahre etwas merken im Alltag dieser Stadt?

Gott möge es geben – in der Kraft dieses Brotes, denn »sooft ihr dieses Brot esset, verkündet ihr den Tod, die Liebe des Herrn«. Amen.

1977

*

Was taten Jesus und seine Jünger an dem Tag der ungesäuerten Brote im Obergemach des Hauses in Jerusalem? Jesus tat, was an diesem Tag alle Juden, ob sie in Jerusalem oder sonstwo zerstreut in der Welt waren, taten und noch heute in aller Welt tun: Sie feierten Passah, d. h. sie feierten ihr Osterfest. Wir dürfen annehmen, daß Jesus mit seinem Vater Josef und seiner Mutter Maria oftmals den Sederabend gefeiert hat, wie die Juden unseren Gründonnerstag nennen. Als Jüngster in der Familie durfte er wohl bei Tisch die Frage nach dem Sinn des Ganzen stellen und erhielt vom Vater die Antwort: Wir gedenken der Großtaten unseres Gottes, der uns aus der Knechtschaft befreit und in das Gelobte Land geführt hat.

Auch in unserer Stadt Frankfurt, solange sie besteht, haben neben uns Christen immer auch Juden Jahr für Jahr Passah gefeiert. Bis 1460 wohnten die Juden hier neben dem Dom, danach im Getto in der Judengasse, der heutigen Börnestraße, bis 1864 – spät genug – auch die Juden freie Bürger wurden. Dreimal in ihrer Frankfurter Geschichte feierten sie nicht, und das waren finstere Jahre der Christenheit: nach der ersten Frankfurter Judenvernichtung 1241 (»Judenschlacht« wird sie in der Chronik genannt), nach der zweiten Judenvernichtung 1349 und nach der Liquidierung der Frankfurter jüdischen Gemeinde in unserem Jahrhundert: 1943.

Nach dem Kriege durfte ich schon dreimal Gast sein bei einem Sederabend im jüdischen Altenheim unserer Stadt. Dabei habe ich erlebt, wahrhaft erlebt, wie zutreffend unser katholisches Lexikon für Theologie und Kirche (1963, Bd. 8, S. 133) schreibt: »Passah ist das größte Sakrament des Alten und des Neuen Bundes.« Das hat mich ermutigt, einen gläubigen Juden, Professor Dr. Pinchas Lapide, zu unserer Eucharistiefeier, zu unserem Gedächtnismahl an Fronleichnam einzuladen und ihn um ein Wort zu bitten.

Noch einmal: Was tat Jesus, der ein Jude war, besser: der ein Jude ist, denn Jesus lebt! Was tat er? Er selbst sprach es aus: »Sehnsüchtig habe ich verlangt, dieses Passah mit euch zu essen, bevor ich leide« (Lk 22,15), und aus der Heiligen Schrift geht hervor, wie gewissenhaft er es nach den Vorschriften der Juden gefeiert hat. Jesus hat das Passah nicht abgeschafft, er hat es erfüllt, wie er auch das jüdische Gesetz nicht abgeschafft, sondern erfüllt hat. In aller Deutlichkeit sagt Paulus, sein Apostel, im Römerbrief (11,1 f.): »Hat Gott das Volk Israel verworfen? Keineswegs!... Gott hat sein Volk nicht verworfen, das er einst erwählt hat« ... »Sie sind Israeliten. Sie haben damit die Sohnschaft, die Herrlichkeit, die Bundesschlüsse. Ihnen ist das Gesetz gegeben, der Gottesdienst (!) und die Verheißungen. Sie haben die Väter, und dem Fleische nach entstammt ihnen der Christus. Gott, der über allem ist, er ist gepriesen in Ewigkeit. Amen« (9,4 ff.). Das sagt Paulus, und es ist hohe Zeit, daß wir Christen unseres Jahrhunderts diese Glaubensüberzeugung der Urkirche endlich zur Kenntnis nehmen nach all dem Furchtbaren, was von Christen unseres Kontinents inzwischen an Juden geschehen ist. Das Zweite Vatikanische Konzil mahnt an!

Was hat Jesus näherhin am Sederabend zu Jerusalem getan? Beim Mahl nahm er von dem ungesäuerten Brot, das auf dem Passahtisch stand (in der Römischen Kirche nehmen wir noch heute zur Eucharistiefeier ungesäuertes Brot, in Treue zur jüdischen Tradition). Er brach es in Stücke und reichte es seinen Jüngern mit den Worten: »Nehmt, das ist mein Leib« (Mk 14,22). Nach dem Mahl, wie es vorgeschrieben ist, nahm er den Becher des Segens, ließ ihn unter den Jüngern kreisen, und dabei sprach er: »Das ist mein Blut, das Blut des Bundes, das für viele vergossen wird« (Mk 14,24).

Was geschah da? Paulus hat es knapp und deutlich erklärt: »Jesus ist unser Passah« (1 Kor 5,7). Mit anderen Worten: Jesus tritt im christlich weiterentwickelten Passahmahl der

Eucharistie an die Stelle des Osterlamms. An Ostern gedenkt die Christenheit wie die Juden der Befreiung aus der Knechtschaft in Ägypten und des Zuges durch das Rote Meer. Sie bereichert aber die Großtaten Gottes um die, die für uns die größte aller Taten Gottes ist: die Heilstat unserer Befreiung durch den Tod des Gottessohnes Jesus Christus am Kreuz. Was einmal historisch geschah, wird sakramental gegenwärtig auf dem Tisch des Altares. »Deinen Tod, o Herr, verkünden wir, und deine Auferstehung preisen wir, bis du kommst in Herrlichkeit«, werden wir gleich sprechen.

Das letzte aber ist eine gemeinsame Hoffnung für die Zukunft. Jesus fügte hinzu: »Amen, ich sage euch: Ich werde nicht mehr von der Frucht des Weinstocks trinken bis zu dem Tag, an dem ich von neuem davon trinken werde im Reich Gottes« (Mk 14,25). Das bedeutet: In dieser Zeit werden wir nebeneinander Passah feiern: die Juden wie zur Zeit Jesu, wenn auch seit der Zerstörung des Tempels ohne Osterlamm, am Sederabend. Wir Christen mit dem »Lamm, das geschlachtet wurde« (Off 13,8), Jesus Christus in den Gestalten von Brot und Wein. Am Ende der Tage aber erwarten wir – Juden wie Christen – das königliche Hochzeitsmahl des Reiches Gottes. Dieses Mahl wird uns der Messias bieten, auf den wir alle warten.

An diesem Mahl werden – das sei in unserer historischen Stunde angedeutet, in der Sadat mit Begin sprach – auch die Völker des Islam teilnehmen, auch sie verehren Abraham und Jesus und Maria. Bis dahin werden wohl die großen Religionen des Judentums, des Christentums und des Islam, die aus der gemeinsamen Wurzel des Judentums kommen, getrennt nebeneinander gehen; wenn sie aber noch einmal oder weiterhin gegeneinander gehen, würden alle drei das Beste ihrer Mitgift verraten. Wir leben in einer Zeit, in der sich die Gottlosigkeit organisiert, sei es die militante Gottlosigkeit des Hasses, sei es die schleichende Gottlosigkeit der Gleichgültigkeit. Daß die Menschen der Gottlosigkeit nicht verfallen, darum steht der kleine weiße Fleck des Tisches in jedem jüdischen Haus, um den sich die Familie immer wieder versammelt; darum steht der Tisch des Herrn in jeder christlichen Gemeinde und heute hier auf dem Römerberg als ein Zeichen, als »Demonstration« für den einen Gott, der Gutes an uns getan und weiter tun will einem jeden, der ihn sucht (2 Chr 20,19), einem jeden.

Ansprache von Dr. Pinchas Lapide, Professor für Neues Testament, nach dem Gottesdienst auf dem Römerberg, vor der Prozession in den Dom:

Was hat ein Jude mit dem Neuen Testament zu tun – so mögen manche von Euch verwundert fragen.

Viel in jeder Hinsicht – so lautet meine Antwort, denn die gesamte Bibel ist ja ein Glaubensbuch voll von jüdischen Gotteserfahrungen – und im Evangelium geht es ja um Jesus, um Maria, Paulus, die zwölf Apostel und die erste Christenheit auf Erden, die alle insgesamt und ausnahmslos fromme, gottesfürchtige Juden waren.

All das kann doch kein blinder Zufall gewesen sein.

Karl Barth sagt:

»Die Meinung kann auch nicht die sein, daß wir an Jesus Christus glauben, der nun zufällig ein Israelit war, der aber ebensogut einem anderen Volk hätte entstammen können. Hier muß man ganz streng denken... Jesus Christus war notwendig Jude. Gott wurde Mensch im jüdischen Fleisch. An dieser Tatsache ist nicht vorbei zu sehen, denn sie gehört zu der konkreten Wirklichkeit Gottes und Seiner Offenbarung.«

Wenn dem so ist, wie der schweizerische Theologe es behauptet, dann gewinnen die Stiftungsworte: »Das ist mein Leib« einen eminent biblischen Sinn, der uns beide angeht. Vor allem weil sie, wie wir eben aus dem Markusevangelium gehört haben, während des letzten Abendmahls gesprochen wurden, das ein jüdisches Passahmahl war, wie wir es auch heute noch alljährlich feiern.

Passah aber heißt auf hebräisch: Übergang, womit vorerst der Übergang aus der Knechtschaft in die Freiheit gemeint ist; dann: die Überquerung des Roten Meeres bei unserem Auszug aus Ägypten – aber vor allem der Übergang von Trauer zu Freude, von Gott-Verlassenheit zur Heilszuversicht, und vom Tod ins Ewige Leben.

Um dieser Heilstat Gottes gebührlich zu gedenken, lagen damals – wie auch heutzutage – vier Grundelemente auf dem Passahtisch der Jüngerschar: Das Opfer des Lammes, das Ungesäuerte Brot der Mazzah, das Bitterkraut und der vorgeschriebene Rotwein.

Und alle vier erfahren in der Passahfeier Jesu von Nazaret ihre symbolische Verwandlung:

– das Passahmahl wird zum Agnus Dei;
– die Mazzah wird zum Leib Jesu, der für viele dahingegeben wird;
– das Bitterkraut zum Zeichen seiner bevorstehenden Leiden,
– und der Wein wird im Segenskelch zum Zeichen des Neuen Bundes.

So kam es also zum Übergang vom jüdischen Passah zum ersten Osterfest der Urgemeinde, wobei insbesondere die Eucharistieworte den Zusammenhang zwischen den beiden Festen immer wieder ins Bewußtsein bringen:

»Das ist mein Leib« erinnert ewiglich daran, daß die Herkunft Jesu »nach dem Fleisch« zu den unwiderruflichen Vorrechten Israels gehört, wie Paulus im Römerbrief betont.

»Das ist mein Leib« erinnert an die aufopfernde Selbsthingabe des Nazareners, womit er auch in die Leidensgeschichte Israels eingetreten ist.

»Das ist mein Leib« war vielleicht der klarste Hinweis auf seine zukünftige Messianität, wie sie aus dem Brechen der verborgenen Mazzah hervorgeht.

Was diese dreifache Verbindung deutlich macht, ist vor allem, daß Israel und die Kirche, allen Trennungen zum Trotz, die Hauptsache gemeinsam haben, die auch an diesem Fronleichnamsfest hervorgehoben werden sollte: Den Glauben an den Einen, Einzigen und Lebendigen Gott, an Seine schrankenlose Gnadenliebe, die keine Stiefkinder kennt – und an Sein kommendes Reich der Wahrheit und der Gerechtigkeit, das unsere gemeinsame Hoffnung ist und bleibt.

Römerberg 1978

*

»Jesus nahm die Brote, blickte zum Himmel hinauf, sprach den Segen und brach sie, dann gab er sie den Jüngern ...«

Lk 9,16

Diese Geste Jesu hat sich seinen Zeitgenossen offenbar tief eingeprägt. Allein im Evangelium des Lukas wird dreimal mit fast denselben Worten ausführlich geschildert, wie Jesus das Brot nahm, es segnete, es in Stücke brach und austeilte an die andern. Im ganzen kommt diese Schilderung elfmal im Neuen Testament vor: sechsmal in den vier Evangelien beim Bericht über Brotvermehrung und viermal beim Bericht von Jesu letztem Abendmahl. Und das elftemal steht sie wieder beim Evangelisten Lukas, wenn er über das Abendmahl Jesu mit den zwei Jüngern in Emmaus berichtet und schließt: »Da gingen ihnen die Augen auf, und sie erkannten ihn am Brotbrechen« (24,35).

So also pflegte Jesus mit der Gottesgabe Brot umzugehen: Zuerst ein Blick hinweg vom Brot, das er in der Hand hält: er »blickte zum Himmel hinauf«, zum Schöpfer und Vater; auch wenn das Korn auf den Feldern wächst und vom Menschen bereitet wird, daß es uns gute Gabe ist, das kommt nicht von unten, das »kommt von oben, vom Vater der Lichter« (Jak 1,17). Wie es noch heute der fromme Jude tut, sprach Jesus, bevor er einen Bissen aß oder weiterreichte, über das Brot einen Segen. Heute lautet er in einem jüdischen Gebetbuch: »Gelobt seist du, Ewiger, unser Gott, König der Welt, der aus der Erde Brot hervorbringt« (Passah-Haggada).

Unvergeßlich hat sich mir als Kind eingeprägt, wie unsre Mutter das Brot segnete, bevor sie es anschnitt. Ihr Mütter, sollen eure Kinder euch nicht mehr segnen sehen? Ich weiß: der Kampf ums tägliche Brot ist schwer, aber, ihr Väter: sollen eure Kinder euch nicht mehr als Hausvater betend erleben, nur noch müde, vielleicht gar schimpfend und fluchend vom Streß, höchstens für Sport interessiert? »Segnet und flucht nicht« (Röm 12,14).

Am Anfang muß auch für uns der Blick nach oben gehen, in die Vertikale. Es ist – Gott sei es geklagt – in der Welt nicht selbstverständlich, daß es »tägliches Brot« gibt; nur für eine Minderheit der Menschen ist es selbstverständlich, daß sie sich satt essen kann. Und gerade diese Minderheit gewöhnt sich ab, bei ihren Mählern des Schöpfers und Gebers in Dankbarkeit zu gedenken – und diese gedankenlose Minderheit sind in der Hauptsache Christen.

Auch nach dem Segen schaut Jesus vom Brot weg: in die Horizontale. Er bricht das Brot in Stücke, wie die großen Fladen in Israel das nahelegten, und teilt an die andern aus. Wer selbst ißt, teilt vorher mit denen, die auch essen wollen. Er gibt, bevor er sich nimmt.

Im heiligen Abendmahl Jesu wird das Geben von Brot zum Zeichen, daß Jesus sich selber gibt, hin an die andern: »Das ist mein Leib, der für euch hingegeben wird.«

Wir haben heute eine andere Tischsitte: Jeder holt sich selber vom gedeckten Tisch oder vom kalten Buffet, was er mag, oder findet schon alles auf seinem Teller, womöglich im Automat gekühlt, vor. Wenn auch die Bräuche sich ändern: das Beispiel Jesu ist auch in neuen Formen zu verwirklichen. Respekt vor der Ordensgemeinschaft, in der gerade die jungen Schwestern sich für die großartige Idee einsetzten und in der Gemeinschaft durchsetzten: In der Fastenzeit verzichten wir auf Beigaben wie Wurst und Nachtisch. Wir rechnen aus, was die Küche dann einspart, und das geben wir für Misereor – Brot für die Welt, und dazu mag dann Schwester Oberin noch etwas aus dem großen Topf spenden. Respekt vor Familien, die es ähnlich halten: An jedem Fest oder Ausflug nimmt noch einer teil – wenn nicht in Person, dann wenigstens durch Abzweigung dessen, was man für ihn ausgeben müßte, das geht dann an Bedürftige. Ich habe als Kind noch erlebt, daß ein- oder zweimal in der Woche ein Kind bei uns am Tisch mitaß. Auch die Kollekte in unsern Eucharistiefeiern heute dient Menschen, die ohne uns ärmer und freudloser wären. Wir versuchen zu teilen.

Der Mensch wird am Brotbrechen erkannt, wie Jesus erkannt wurde. Die Schöpfung ist kein Lager von Sachen, das ich ausbeute nach Lust und Laune und ohne Rücksicht darauf, ob auch noch nach-kommende Generationen Gottes Schöpfung vorfinden werden oder nur abgenagte Knochen. Gott will seine Gaben nicht nur wenigen Starken und Gefräßigen geben, sondern jedes seiner Geschöpfe soll leben, ein jedes nach seiner Art, und nicht nur heute. Nach seinem Bild und Gleichnis geschaffen sind nicht nur einige zehntausend Herrenmenschen oder einige wenige privilegierte Völker, sondern jeder Mensch ist ein Abbild Gottes, Bruder oder Schwester seines Sohnes Jesus Christus.

Der Jesuitenpater Alfred Delp studierte 1938 in der Frankfurter Hochschule Sankt Georgen mit einigen, die jetzt hier als Priester auf dem Römerberg stehen. Nur sieben Jahre später wurde unser Mitstudent und Mitbruder von Freisler zum Tode verurteilt und am 2. Februar 1945 in Berlin-Plötzensee erhängt. In seiner Gefängniszelle in Berlin schrieb Pater Delp »im Angesicht des Todes«: »Die Wucht der Sendung der Kirche hängt ab vom Ernst ihrer Hingabe und Anbetung.«

Anbetung – wie Jesus getan: im Blick zum Himmel, dankend seinem Vater.

Hingabe – wie Jesus getan: da er sich selbst wie ein Stück Brot hingab für andere, daß sie leben.

Auch im Wohlstand, in der geistigen Erschütterung und in der entfalteten Technik unsrer Tage rettet kein Apparat und kein Konkordat, keine Synodalordnung und kein Synodenpapier. Leben kann die Welt nur im Zeichen Jesu Christi: in der Vertikalen der Anbetung des ewigen Vaters und in der Horizontalen der Hingabe an den geringsten Seiner Brüder. Nur im Zeichen des Kreuzes wird die Welt leben.

Von uns Christen heute muß es heißen: Man erkennt sie nicht am Raffen und Rennen nach den besten Brocken: Man erkennt sie am Teilen, am Brotbrechen. Amen.

1980

Historisches Museum

Ins Ohr, lieber noch ins Herz, möchte ich Ihnen leise sagen, was uns zu Weihnachten gesagt wurde: »Heute ist euch der Retter geboren, Christus, der Herr.« Nicht oft genug kann es wiederholt, memoriert und meditiert werden: Für uns, für einen jeden ist gekommen, der die Freude groß und tief, vollkommen und ohne Ende machen kann.

Die Gefühle, mit denen wir vom Jahr 1972 Abschied nehmen, sind gewiß bei den einzelnen sehr verschieden. Als gemeinsame Erfahrung haben wir Frankfurter wohl mit ins neue Jahr zu nehmen: Die Konflikte zwischen uns werden deutlicher, klarer ausgesprochen und vor allem härter und grundsätzlicher ausgetragen. Als kleines Symptom kann das Echo gelten, das einige wenige Sätze an den Wänden des neu eröffneten Historischen Museums in der Bürgerschaft gefunden haben. In spontaner Einmütigkeit erkannten die Christen aller Konfessionen, daß es dabei auch um den geht, der an Weihnachten als Heiland in unsere Geschichte eingetreten ist. Das ermutigt zu dem Umkehrschluß: Je mehr wir Christen auf den einen Herrn zugehen, desto eher finden wir zueinander.

Konflikte auf eine humane Weise auszutragen und für das Gemeinwesen fruchtbar zu machen, wird im kommenden Jahr vordringliche Aufgabe sein. Ich gehöre zu denen, die Gewaltherrschaft und den ersten Anfang einer neuen Freiheit bewußt miterlebt haben. Darum sei mir gestattet, meine Zeitgenossen an den »Grundpakt« zu erinnern, den wir nach 1945 in unserem Land geschlossen haben. Wer von sich sagen kann, er sei gegen Gewalt und Terror und für die Freiheit, für die Wahrheit und gegen die Lüge, für die Information und gegen die Manipulation, die sollen sich als

Bundesgenossen begreifen. Mögen auch in den Wegen und Zielvorstellungen sonst noch so große Verschiedenheiten bestehen, die so Verbundenen sollen jederzeit aufeinander hören und im letzten sogar miteinander handeln können. Das ist die lebendige Wurzel einer menschlichen Stadt.

Daß dieser »Grundpakt« sich über gesellschaftliche, politische und weltanschauliche Grenzen hinweg bewährt, ist mein Wunsch und mein Gebet für 1973.

»Brief des Stadtdekans« 1972

*

... »Feinde des Friedens« nannte Papst Paul die ideologischen Einwände, die er die stärksten nennt, die Ambitionen des Prestiges, also den Ehrgeiz des Geltenwollens, und die egoistischen Interessen politischer und wirtschaftlicher Natur. Als Frankfurter Beispiel nenne ich das neue Historische Museum hier in unserer Nähe. Die Diskussion in der Öffentlichkeit hat schon jetzt erwiesen: Die ideologische Befangenheit einer kleinen Mehrheit, die aber kaum einer Mehrheit aller Bürger entsprechen dürfte, sät Unfrieden, beleidigt das religiöse Gefühl von Mitbürgern – und das alles auf einer Basis, die der historischen Wissenschaft hohnspricht.

Die betroffenen Christen haben nicht Öl ins Feuer gegossen, evangelische und katholische Gemeinden haben sich seit Oktober gemeinsam um eine Versachlichung der Diskussion bemüht. Aber jetzt muß geredet werden, und nicht nur unseretwegen, in allem Ernst und mit Nachdruck: Müssen wir uns das gefallen lassen? Als Beispiel für viele Anrufe und Zuschriften, die mich erreichten, lese ich nur einige Zeilen einer Dame vor, die nicht unserer Kirche angehört: »Wozu ist dieses Haus mit einem Aufwand von Millionen gebaut worden? Um die Kirche und die Gläubigen zu beleidigen? Um die Bürger der Stadt, die Mäzene waren, lächerlich zu machen? Außerdem unterstellen diese Wandtafeln, daß der Betrachter dumm und ungebildet ist. Was also solls?«

Die Antwort hat kürzlich in einer wohlfundierten Diskussion ein junger Historiker gegeben: »Das ist nicht Information, das ist Manipulation.« Und dagegen haben wir etwas – weil das gegen den Frieden ist. Liebe Zuhörer, helfen Sie mit, daß die auf breiter Ebene vorgetragenen Bemühungen gelingen, diese Texte zu ändern, wenn nicht überhaupt zu entfernen...

Aus der Silvesteransprache 1972

Der bundesweite Protest und die folgenden Diskussionen führten dazu, daß einige der beanstandeten Wandtafeln durch andere ersetzt oder ergänzt wurden. Das diente den unbestritten guten Ansätzen und der wohl ursprünglichen Absicht, das Frankfurter Historische Museum zu einem Museum für alle Bürger zu machen.

Verunglimpfung

Betr.: Strafanzeige

An die Staatsanwaltschaft Frankfurt am Main
Bei einer polizeilich genehmigten Demonstration am Samstag, dem 15. Februar 1975, in Frankfurt haben Demonstranten in der Öffentlichkeit der Stadt wiederholt im Chor gerufen: »Hätt' Maria abgetrieben, wär uns viel erspart geblieben.« Auch trugen sie ein Kruzifix mit einem Embryo daran herum. Ich erstatte Strafanzeige wegen Verstoß gegen § 166 StGB »Beschimpfung von Bekenntnissen, Religionsgesellschaften und Weltanschauungsvereinigungen.«

Die Tatsache, daß die Demonstration genehmigt und von der Polizei geschützt wurde, dürfte wohl die Schuld nicht mindern, hat allerdings in der Bevölkerung Befremden und Unsicherheit ausgelöst.

(Walter Adlhoch)

Bescheid der Staatsanwaltschaft
bei dem Landgericht Frankfurt am Main
Das Ermittlungsverfahren wegen religiöser Verunglimpfung im Sinne von § 166 StGB, begangen am 15. 2. 1975 durch Teilnehmer einer Demonstration gegen § 218 StGB
wird eingestellt.

Gründe:
Die nach Lage der Sache gegebenen Möglichkeiten, die Täter zu ermitteln, sind ergebnislos verlaufen. Sie haben keine hinreichenden Anhaltspunkte für die Täterschaft einer bestimmten Person oder auch nur eines bestimmten Täterkreises ergeben.

Die Polizei hat es möglicherweise versäumt, seinerzeit sofort die in Frage kommenden Täter festzustellen und dies läßt sich auch nicht mehr nachholen.

Es konnte insoweit nicht geklärt werden, welche Polizeibeamte von den bekanntgewordenen Äußerungen: »Hätt' Maria abgetrieben, wär uns viel erspart geblieben« Kenntnis genommen und – möglicherweise pflichtwidrig – ein Einschreiten unterlassen haben.

Die polizeilichen Unterlagen, einschließlich der von der Demonstration gefertigten Fotoaufnahmen, enthalten keine Hinweise auf die besagten Taten und Täter.

Weitere Nachforschungen erscheinen bei dieser Sachlage aussichtslos. Sollten neue Gesichtspunkte, die zur Aufklärung der Sache dienen könnten, bekannt werden, werden die Ermittlungen wieder aufgenommen. Auch der Anzeiger wird gebeten, Nachricht zu geben, wenn Hinweise bekannt werden sollten.
gez. Roth
Staatsanwalt

Gemeindepredigt

Als Dompfarrer und Stadtdekan muß ich zu Ihnen sprechen über die Geschehnisse in unserm Frankfurt am letzten Wochenende. Einiges werden Sie wissen, denn einige Zeitungen haben am vergangenen Samstag und Montag einiges gebracht, aber keineswegs alle. Ich spreche von den Ausschreitungen bei einer Demonstration für die Abschaffung des § 218 des Strafgesetzbuches.

Ich will nicht Stellung nehmen dazu, daß die meist jungen Demonstranten – viele zwischen 14 und 18 Jahren – die Puppen eines Richters, eines Arztes und eines Kardinals mitführten und feierlich verbrannten. Nicht versagen kann ich mir allerdings die Frage an die ältere Generation, die zuschaute: Ging nicht schon einmal das öffentliche Verbrennen von leblosen Büchern dem Verbrennen von lebenden Menschen voraus? Wird diesmal der Vernichtungswille bei Puppen haltmachen? Doch genug davon. Auf zwei andere Vorkommnisse muß ich eingehen.

1. Eine Marienkirche in Frankfurt wurde außen und eine andere Marienkirche in Frankfurt wurde im Innern mit dem Vers besudelt: »Hätt' Maria abgetrieben, wär uns viel erspart geblieben.« Ja, Sie haben recht gehört. Als ich diesen Vers einem evangelischen Kollegen mitteilte, sagte er: »Das ist ja schrecklich, welch ein Haß gegen den Herrn Jesus Christus selbst.« Natürlich wurde Anzeige gegen Unbekannt erstattet, so verlangt es noch immer unser Strafgesetzbuch. Die Veranstalter der Demonstration sollen sich, wie eine Zeitung schrieb, von den Schmierereien distanziert haben. Aber sie haben sich nicht von der Blasphemie selbst distanziert, wie die

2. Tatsache zeigt, auf die ich hinweisen muß. Dieser Vers wurde von Hunderten von Menschen viertelstundenlang in der vollen Öffentlichkeit unserer Stadt im Chor gerufen und beklatscht. Und das Groteske dabei: Unsere Polizei schützte diesen Ausbruch des Hasses, der Beleidigung und Ungesetzlichkeit. Erst als ein Polizist tätlich angegriffen wurde, löste

man die Demonstration auf. Müssen wir Christen, denen Maria und ihr Sohn Jesus Christus heilig sind, uns das gefallen lassen? Können wir und können unsere Kinder nicht mehr auf die Hauptstraßen unserer Stadt und in die sogenannte gute Stube auf dem Römerberg gehen, ohne daß wir damit rechnen müssen, daß unsere Kirche, daß unser religiöses Bekenntnis öffentlich beleidigt und beschimpft wird? Anerkennung spreche ich in diesem Zusammenhang dem damaligen stellvertretenden Oberbürgermeister Dr. Wilhelm Fay aus: Er hat bekanntlich von seinem Recht Gebrauch gemacht und seine Pflicht erfüllt, als er gegen einen Künstler Anzeige erstattete, der in den Römerhallen ein Kruzifix mit einer Leberwurst ausstellte.

Daß ich nicht mißverstanden werde: Ich rufe nicht nach einer Einschränkung der Meinungsfreiheit. Nach meiner Überzeugung ist die Frage der Abtreibung eine sehr ernste Frage in unserer pluralen Gesellschaft. Es kann vernünftigerweise nicht erwartet werden, daß alle Bürger, auch alle guten Bürger, nur eine und dieselbe Antwort haben, wie in dieser unserer Gesellschaft konkret das ungeborene Leben am besten geschützt, wie das Leben der Mutter, der wohlhabenden und der armen, und das Wohl des Kindes, auch des ungeborenen oder unheilbar kranken Kindes, am besten aufgehoben ist. Wir Katholiken haben, vom Glauben erleuchtet, eine klare sittliche Vorstellung von der Würde des Lebens und der besonderen Schutzwürdigkeit des schwächsten Lebens, nämlich des noch ungeborenen Menschenlebens. Aber können z. B. nicht auch gewissenhafteste Ärzte und gläubige Eltern einmal vor Gewissensfragen stehen?

Dieses und ähnliche Probleme gehen den staatlichen Gesetzgeber an sowohl um des ungeborenen Kindes als auch um des Arztes und um der Eltern des Kindes willen. Denn dahinter steht doch die Frage: Wie steht es mit dem Schutz des Lebens in unserm Staat, des Lebens der Alten und der Kranken und der Ungeborenen?

Ein weiteres ist zu beachten: Um der Wahrheit und

Gerechtigkeit willen gestehe ich gern manchen zu, die etwa für eine Fristenregelung oder bestimmte Indikationslösung im staatlichen Strafrecht eintreten, daß sie diese Regelung selbst moralisch ablehnen und dem Gericht Gottes unterstellen, sie wollen sie nur nicht unter die Strafe des Staates genommen wissen. In der Tat kann der Staat unmöglich alles unter Strafe stellen und verfolgen, was gegen Gottes Willen ist. Denken Sie an den Ehebruch – gewiß ein Unrecht, eine schwere Sünde vor Gott und den Menschen, vor allen Dingen dem Partner, aber kein Tatbestand für den weltlichen Richter. All das und vieles mehr gilt es zu bedenken und in einem freien Rechtsstaat in öffentlicher Diskussion zu verhandeln. Mit Leidenschaft setze ich mich dafür ein, daß dieses Gespräch geführt wird und daß auch die Gegner unserer Auffassung und Überzeugung zu Wort kommen.

Was aber geschah am vergangenen Samstag? Uns Christen wurde in beleidigender Beschimpfung das Recht abgesprochen, unsere Meinung zu haben und zu sagen. »Hätt' Maria abgetrieben, wär uns viel erspart geblieben« – das heißt doch im Klartext: Hinter eurer, der Christen Meinung zur Frage der Abtreibung steht Jesus Christus, und diesen Jesus Christus sollte es überhaupt nicht geben. Er sollte nie gelebt haben. Wie weit ist der Weg von der Aussage, einem das Daseinsrecht abzusprechen, bis zu der Tat, dem mißliebigen Gegner das Dasein überhaupt zu nehmen? Diesmal noch verbrannte man Puppen. Alarmierend war, aus der Demonstration zu hören, daß man auch anderen, lebenden Politikern der regierenden Koalition und der Opposition, die Abtreibung durch ihre Mutter wünschte! Manche fanden das amüsant, andern lief es kalt über den Rücken. Ist nicht das Fundament der Gesellschaft selbst bedroht, wenn ich einem Mitbürger das Daseinsrecht abspreche?

Wer aber war Jesus, den Maria nicht abgetrieben, sondern zu Betlehem geboren hat, durch den soviel Schlimmes passiert sein soll? Wir haben es soeben wieder gehört im Evangelium: »Dieser ist mein geliebter Sohn, ihn sollt ihr hören.« Es mag sein, daß dieser Ruf und all der Segen und Trost, der von Jesus ausgeht, nicht jeden erreicht. Unzählige aber hat er erreicht, so daß Unzählige Jesus wirklich gehört haben und ihm gefolgt sind. Um hier nur den einen Satz zu sagen: Wissen diese verhetzten Wesen nicht: Lange bevor der Staat seine Verantwortung für das ungeborene Leben ahnte und begriff und in die Tat sozialer Fürsorge umsetzte, waren tausende christlicher Männer und Frauen tätig. Sie errichteten nicht nur Heime und Häuser und spendeten Geld, sie stellten Jahre und Jahrzehnte, ja ihr ganzes Leben in den Dienst für unerwünschte Kinder und betrogene Mütter! Ordensfrauen und Laien. Mutter Teresa von Kalkutta hat Hunderttausende von Vorgängern und Gefährten. »Flankierende Maßnahmen« einschließlich qualifizierter und fachlich anerkannter Beratung für schwangere Frauen sind, auch in Frankfurt, erfüllte Aufträge dieses Jesus Christus, des Sohnes Mariens von Nazaret.

Die Frage bleibt: Was haben wir Christen versäumt, daß man heute in aller Öffentlichkeit so von Jesus sprechen kann? Und noch eine weitere Frage bohrt: Was haben wir besser zu machen an der jungen Generation, die in den von uns mitgestalteten Jahren eines relativen Friedens, wachsenden Wohlstands und garantierter Freiheit aufwuchs? Was haben wir besser zu machen in der Öffentlichkeit? Nicht nur »im stillen Kämmerlein«, auch »von den Dächern und auf den Straßen« will verkündet werden, was der Herr seinem Volk zu dessen Heil zu sagen hat: Ihn sollt ihr hören – und das heißt für uns: Ihn sollt ihr künden in Wort und Tat.

Wie auch immer das Urteil von Karlsruhe lauten wird: die Katholiken in Frankfurt und im ganzen Land werden sich Gedanken zu machen haben, wie sie im Konzert der Thesen und Gegenthesen, der Argumente und Gegenargumente ihren Part beitragen, nicht demagogisch, sondern überzeugend als Dienst an einer Gesellschaft, die aus den Fugen geraten ist und eine neue Ordnung sucht. Als zölibatärer Priester will ich diese Fragen nicht auf die Straße tragen.

Sollten sich aber junge Christen, Mütter und Frauen, die die Frage vital angeht, zu einer Demonstration sammeln, dann bin ich dabei.

Nehmen Sie mir bitte ab, daß ich aus christlicher Sorge gesprochen habe, aus der Sorge um eine menschenwürdige Gesellschaft, in der keinem das Recht auf Dasein abgesprochen wird, in der nach dem Willen Jesu die Kleinen und die Schwachen ihren sicheren Hort haben.

2. Fastensonntag 1975

»Schwarzes Frankfurt«

Sehr geehrte Damen und Herren!

Das Titelblatt (»Herz-Jesu-Orden übernimmt Frankfurter Kitas«*) der von den Jungsozialisten im SPD-Unterbezirk Frankfurt herausgegebenen Zeitung »Schwarzes Frankfurt« stellt eine Beleidigung der Katholischen Kirche dar. Ordensfrauen haben es nicht verdient und konnten nicht erwarten, daß sie nach vierzig Jahren noch einmal in einem Blatt verhöhnt würden, dessen Kopf wie das »Schwarze Korps« der SS aufgemacht ist. Meiner Entrüstung und den zahlreichen Empörungsrufen, die mich auch von Nichtkatholiken erreichten, gebe ich hiermit Ausdruck.

In aller Öffentlichkeit und durch Jahrzehnte haben die katholischen Ordensfrauen, die 13 Kindertagesstätten in Frankfurt und angesehene Ausbildungsstätten in Oberursel und Limburg leiten, bewiesen, daß keineswegs nur »sozialistische Erzieher eine freie Entfaltung der kindlichen Persönlichkeit« fordern, sondern daß dies gerade von kirchlichen

* »Frankfurter Kitas« sind Kindertagesstätten mit eigenem pädagogischem Programm, die die Stadtverwaltung vor 1977 einrichtete. Sie waren umstritten, inzwischen sind sie verschwunden.
Das Schreiben ließ der Stadtdekan der Geschäftsstelle des Unterbezirks Hessen Süd der Sozialdemokratischen Partei Deutschlands (SPD) überbringen und am folgenden Tag der Presse übergeben. Die SPD-Fraktion der Frankfurter Stadtverordnetenversammlung und Bürgermeister Berg, Dezernent für Jugend und Soziales, distanzierten sich von dem Artikel der Jungsozialisten. In der Frankfurter Neuen Presse vom 12. März hieß es: »Die SPD-Fraktion bedauert es, daß sich hier durch Ironie am falschen Platz zahlreiche Menschen, die sich ein Leben lang für den Dienst am Mitmenschen verpflichtet haben, verletzt fühlen können.« Die vom Stadtdekan verlangte Distanzierung des Unterbezirks Hessen Süd der SPD folgte am 10. November 1977.

Kindergärten gilt, wie erst kürzlich Herr Ministerpräsident Börner bei einem Besuch der katholischen Kindertagesstätte »Maria Hilf« im Gallusviertel bestätigen konnte. Von dem Preisausschreiben der Bundesrepublik »Kinder malen Technik« (!) im Jahre 1975 ging von den drei Preisen keiner an eine Kita, sondern ausnahmslos an Kindertagesstätten freier Träger, darunter einer an den Frankfurter Kindergarten St. Leonhard und Dom. Herr Bundesminister Matthöfer hat diesen Preis am 5. 12. 1975 persönlich der Leiterin des Kindergartens, Schwester Rita von den Erlenbader Franziskanerinnen, überreicht. Wenn also »Herz-Jesu-Orden Frankfurter Kitas übernimmt«, so mögen Sachkenner beurteilen, ob das ein Schaden für Frankfurt und seine Kitas wäre.

Eine bösartige Unterstellung ist auch das Bild auf Seite 2 »Psychotherapie auf neuen Wegen«, das Frankfurt offenbar von Teufelsaustreibungen durch Ordenspatres bedroht sieht. Sollte hier ein Zusammenhang bestehen zwischen den Jusos und dem Herrn SPD-Abgeordneten Hartmut Holzapfel MdL, der wegen einer diesbezüglichen Anfrage im Landtag vom Bischöflichen Ordinariat Limburg (26. August 1976) den Vorwurf »antikirchlicher Stimmungsmache« hinnehmen mußte?

Das Impressum »Herausgegeben von den Jungsozialisten in der SPD – Unterbezirk Frankfurt« läßt keinen Zweifel daran, daß die SPD das Pamphlet finanziert hat und mit verantwortet. Niemand wird einem darum übelnehmen können, wenn er in den empörenden Darstellungen die wahre Meinung der SPD vermutet – es sei denn, der Unterbezirk Frankfurt der SPD distanziere sich in aller Form von diesen Erklärungen. Bis das geschieht, muß sich die SPD auch von mir als Stadtdekan in aller Öffentlichkeit fragen lassen, ob ihre Kontaktsuche zu den Kirchen nur die eine Seite einer Doppelstrategie ist. Es geht um die Vertrauenswürdigkeit, ohne die eine Zusammenarbeit zum Wohl der Stadt schwer belastet, ja auf die Dauer unmöglich wäre.

Herrn Bürgermeister Berg habe ich Fotokopie dieses Schreibens geschickt.

10. März 1977

gez. Walter Adlhoch
Katholischer Stadtdekan

In eigener Sache

Zum Gründonnerstag 1979 schrieb Papst Johannes Paul II. einen Brief an die Priester seiner Kirche. Auf kritische Stellungnahmen von Frau Professor Ranke-Heinemann und Herrn Professor Hans Küng in der Öffentlichkeit gab ich nach der Predigt am Gründonnerstag im Dom meiner Gemeinde die folgende Erklärung:

Zu dem Brief des Heiligen Vaters, Papst Johannes Paul an die Priester ließ sich die katholische Theologieprofessorin Frau Ranke-Heinemann vernehmen: »Wenn der Papst sich auf Jesus und die Apostel beruft, versteht er beide falsch.« Die Dame spricht weiter vom Priestertum der Kirche als einer »Kaste von Höherstehenden, herausgehoben aus der gemeinen Zweisamkeit zu hochwürdiger Einsamkeit. Dieses gleiche Kastendenken spricht auch aus dem Brief des Papstes.«

Liebe Christen, ich war stets bereit und bin es auch weiterhin, die Würde der Frau in der Kirche und insbesondere der verheirateten Frau in der Kirche anzuerkennen, auch dieser Dame und Professorin der katholischen Theologie. Ich bin aber nicht bereit, meine überlegte, freiwillige und durch vier Jahrzehnte festgehaltene Entscheidung zum zölibatären Priestertum der lateinischen Kirche diffamieren zu lassen. Ein solches arrogant hingeworfenes Pauschalurteil wird zölibatären Priestern wie Johannes XXIII., dem heiligen Kirchenlehrer Augustinus, Carl Sonnenschein, John Kardinal Newman, einem Pfarrer von Ars, einem Kardinal Döpfner, diesem Papst Johannes Paul II. und Dutzenden Kaplänen, Pfarrern und geistlichen Lehrern nicht gerecht, die allein ich in meinem Leben kennen und schätzen gelernt habe.

Mit Nachdruck weise ich auch die Unterstellung Professor Küngs zurück, mir, als katholischem Priester, werde ein Menschenrecht verweigert. Ich bin nicht unfrei und halbwertig, weil ich mit dem Priestertum den damit in der lateinischen Kirche notwendig verbundenen Zölibat gewählt habe und dazu stehe, so wahr mir Gott helfe.

Ich weiß, daß das Wort der Treue sowohl in der Ehe als auch im Priestertum unserer Kirche nicht von jedem gehalten wird. Es dürfte bekannt sein, daß ich weder einen geschiedenen Ehegatten noch einen laisierten Priester verurteile, im Gegenteil setze ich mich für sie ein. Ich denke aber nicht daran, deshalb das Institut der Ehe und das Institut des Zölibats als unmenschlich abzulehnen.

Ich bestreite niemandem das Recht, eine andere Meinung zu vertreten, fühle mich aber verpflichtet, als zölibatärer Priester meiner Gemeinde zu sagen, wie ich den Zölibat zu leben versuche: als ein Zeichen des Dienstes für andere (vgl. Gründonnerstagsevangelium).

1979

Vor einer Bundestagswahl

Sie haben es gewiß ebenfalls bemerkt: Die Politiker in der letzten Phase des Wahlkampfes wirkten müde, gereizt, überlastet. Anschaulich konnten wir miterleben, wie strapaziös, wie aufreibend Politik ist. Mancher mag in seinem Vorurteil bestätigt worden sein: Politisch Lied ein garstig Lied – voll Rechthaberei, Machtstreben, ja Gehässigkeit. Hoffentlich aber ist uns auch aufgegangen, daß politische Betätigung auch für uns eine sehr ernste und verantwortungsvolle Sache ist. In einem demokratischen Staatswesen soll die Last der Verantwortung nicht nur auf den Schultern der Politiker – derer »da oben«, wie man sagt – liegen. Alle vier Jahre werden alle erwachsenen Bürger aufgerufen, ihre politische Entscheidung zu fällen.

Dabei haben wir Wähler es an einem Wahltag noch verhältnismäßig einfach. Wir brauchen nicht notwendig in die komplizierten Sachfragen einzusteigen, die etwa die moderne Wirtschafts- oder Friedenspolitik aufwerfen. Wir brauchen nur kritisch die Programme der Parteien zu studieren und uns die Frauen und Männer anzuschauen, die die Parteien anbieten und sie auf die Probleme zu projizieren, die zur Lösung anstehen. Aber wie schwer, wie verantwortungsvoll ist schon das, wenn man es ernst nimmt!

Weil der politische Dienst sittlich ernst genommen werden will, gehört ein Wort dazu in den Gottesdienst der christlichen Gemeinde. Gott ist es nicht gleichgültig, ob in seiner Welt Recht und Gerechtigkeit oder Ausbeutung, Mord und Korruption herrschen. Denn Gott liebt diese seine Welt. Das sagen schon seine zehn Gebote, das sagt aber noch deutlicher und überzeugender sein Sohn: »So sehr hat Gott die Welt geliebt, daß er seinen eingeborenen Sohn dahingab, damit die Welt gerettet werde« (Joh 3,16 f.). Gott ist es z. B. nicht gleichgültig, daß Menschen hungern müssen, weil ihnen und ihren Familien für harte Arbeit der gerechte Lohn vorenthalten wird (vgl. Jer 22,13; Jak 5,4). Daß aber Recht und Gerechtigkeit für alle an Boden gewinnen, kann der einzelne allein nicht bewirken, nicht im Gebet allein und nicht im privaten Tun allein. Viele müssen zusammenwirken, und solches Zusammenwirken heißt in unserer Zeit »Politik«.

Gott hat, so scheint mir, mehr Wohlgefallen an einem Christen, der aufmerksam die politischen Nachrichten liest oder hört, als an einem, der nur über die schlechte Welt klagt und sonst nichts tut. Wer dazu noch den Wirtschaftsteil einer Zeitung studiert, um besser zu verstehen, wie die Güter dieser Erde gerechter verteilt werden können, dürfte Gott wohlgefälliger sein als einer, der dicke Kerzen vor der Muttergottes aufstellt und im übrigen seinen privaten Interessen lebt. Umgekehrt, meine ich, tut ein Geschäftsmann, ein Journalist oder Politiker gut daran, wenn er von Zeit zu Zeit seinen Schreibtisch verläßt, die Heilige Schrift aufschlägt und zu Gott betet für sich und für die, für die er tätig ist.

»Das ganze Gesetz und die Propheten«, mit andern Worten: ein Leben, das der Würde des Menschen entspricht und vor Gott bestehen kann, »hängt an diesen zwei Geboten: »Du sollst Gott lieben aus deinem ganzen Herzen« und »Du sollst deinen Nächsten lieben wie dich selbst« (Mt 22,37 ff.). Wie aber kann ich dieses zweite Gebot, das dem ersten gleich ist, erfüllen, wenn ich nicht ja sage zur Politik, wenn ich mich nicht politisch engagiere? Daß wir in Freiheit leben dürfen, daß nicht länger Indianer ausgerottet werden, daß nicht ein paar wenige unkontrolliert die öffentliche Meinung in den Zeitungen und im Rundfunk machen dürfen, daß in den großen Betrieben eine Unternehmensverfassung entsteht, die der Würde des arbeitenden und angestellten Menschen besser gerecht wird, daß die Schule jedem Begabten

Förderung gewährt und keinen ihrer Schüler Schaden an seiner Seele leiden läßt, das alles und vieles mehr sind so gut Fragen der Politik wie Fragen der christlichen Liebe. Sie gehen uns an.

Was schon die Urkirche getan (vgl. 1 Tim 2,2), wollen wir heute tun: Beten für die, die uns regieren, daß sie uns nicht manipulieren und daß sie nicht resignieren vor der Größe ihrer Aufgaben, dem Unverstand und dem Undank der Gesellschaft. Darüber hinaus wollen wir uns als Christen in einem modernen Staatswesen prüfen: Nehme ich mir die Zeit und nutze ich die Gelegenheiten, politische Fragen tiefer zu verstehen? Gelegenheiten dazu werden uns geboten: Vorträge, Seminare, verständliche Schriften. Bemühe ich mich in meiner Umgebung um ein gesellschaftliches Klima, in dem etwa die Entwicklungshilfe nicht madig gemacht wird, in dem nationale Arroganz und Rassenverachtung keinen Nährboden finden? Noch sind Lehrer und Ärzte, Lehrerinnen und Ärztinnen die bevorzugten Berufe der Katholiken. Müßten sich nicht mehr junge Menschen und ihre Eltern fragen: Steht nicht auch der Politiker im Dienst der Sorge um den Menschen? Ist Politiker – ob als Mann oder als Frau – nicht ein sozialer Beruf unter harten Bedingungen, aber doch auch zeitgemäß und anspruchsvoll? Und dieser Beruf fordert keineswegs notwendig das Abitur, wie gute Beispiele auch in unserm Land zeigen.

Die Zukunft der Menschheit in den nächsten Jahrzehnten ist von einer unvorstellbaren Bevölkerungsexplosion und einem rasend zunehmenden Gefälle zwischen reichen und armen Nationen bedroht. Der Christ hat darin den Aufruf zur Großmut und zum politischen Engagement zu sehen. Unsere Welt voll gegenseitiger Abhängigkeiten und Verpflichtungen braucht Menschen, die sich ums große Ganze, ums allgemeine Wohl ehrlich kümmern. Denn nur wer das Ganze bewahren will, wird am Ende sich selbst bewahren können.

September 1969

Trümmer und Aufbau

Heute vor 37 Jahren, am 22. März 1944, sank die Altstadt Frankfurts in Schutt und Asche. Ich war damals Kaplan in Wetzlar. Von Grävenwiesbach im Taunus aus sah ich im Süden den Himmel rot. Ich wußte: Frankfurt brennt nieder. Was Jahrhunderte aufgebaut, liebevoll gepflegt und ausgestaltet hatten, wird ein Raub der Flammen und ein Feld von Trümmern. Als ich einige Zeit später in meine Heimatstadt kam, stand über den Trümmerhaufen noch die einer oder andere Wand, und es stand – hoffnungsvoll! – noch der Turm des Domes.

1978 hat die Stadtverwaltung in den Römerberg eine Bronzeplatte in den Boden eingelassen mit folgendem Text:

> Zwischen dem 4. Juni 1940 und dem 24. März 1945 wurde Frankfurt von 33 Luftangriffen, zahllosen Störflügen und Tieffliegerangriffen heimgesucht. Tausende Tonnen Spreng- und Brandbomben zerstörten oder beschädigten vier Fünftel aller Bauten.
>
> Am 22. März 1944 löschte ein Großangriff den Altstadtkern völlig aus.
> Bei Kriegsende bedeckten 17 Mio. cbm Trümmer die Stadt, die um 14 701 Gefallene und 5559 Bombenopfer trauerte.

Dieser Text ist überragt vom Turm des Bartholomäusdomes, um den die Flammen der Zerstörung züngeln.

Es fügt sich: Wir gedenken dieser Opfer in unsrer Stadt an dem Tag, an dem die Stadtgemeinde ein neues Parlament zu wählen hat. Gewiß, die Entscheidungen der Stadtverordnetenversammlung und des Magistrats betreffen nicht Krieg und Frieden. Die Kandidaten der demokratischen Parteien wissen das und werden darüber nicht traurig sein. Ihre Aufgaben und Entscheidungen stehen aber durchaus im

Zusammenhang mit dem Wohl des ganzen Volkes. Und der politische Verstand und Wille des deutschen Volkes wächst in den Gemeinden. Vor allem – das lehrt die Geschichte – führen Bequemlichkeit und Desinteresse, Unzufriedenheit und Rücksichtslosigkeit in der Nachbarschaft leicht zu allgemeiner Unzufriedenheit, und diese ist bekanntlich der Nährboden für Abenteurer und Terroristen, Diktatoren und Volksbetrüger. Es gilt noch immer das Wort des Vaters Kolping: »Im Hause muß beginnen, was leuchten soll im Vaterland.«

Am Dienstag ist es ein Jahr her, daß Erzbischof Romero in El Salvador während einer heiligen Messe am Altar ermordet wurde. Sagen Sie nicht: El Salvador liegt weit, das sind andere Verhältnisse! Natürlich haben Sie recht, und niemand meint, daß es bei uns morgen so zugehen wird. Aber – auch El Salvador wurde nicht über Nacht zum Schlachtfeld, so wenig wie unser Deutschland in den Jahren 1933 und 1939! Das sage ich als Diener der Kirche am Ende des 20. Jahrhunderts in einem Volk, in dem wir Christen Freiheit haben. Und das heißt: Wir haben nicht nur Rechte, sondern auch eine erhöhte Verantwortung. Dazu drei Dinge:

1. Gibt es nicht zu denken, daß gerade junge Menschen sich so wenig in der Politik ihrer Stadtgemeinde engagieren? Ich spreche von denen, die sich sehr wohl engagieren in ihrer Familie, im Studium, im Beruf, in der Pfarrgemeinde. Die Sorge aber für das allgemeine Wohl überlassen sie andern. Ist denn wirklich alles so gut in Ordnung, daß sie sich zurückhalten dürften? Kann keine der verschiedenen alten und neuen Parteien ihr Vertrauen gewinnen, aktiv mitzutun? Verspricht man sich von untätiger Distanz mehr und besseres für die Zukunft? Oder gilt noch immer die »Müdigkeit der Guten«, die Papst Pius XII. für das schlimmste Übel hielt?

2. Keine Aktivität ohne das Gebet! Beten wir für die Politiker, und zwar ehrlich und vertrauensvoll? Seit Jahr-

hunderten bietet die abendländische Christenheit das »Allgemeine Gebet« des Petrus Canisius an. Da heißt es: »Erleuchte und stärke in allem Guten die weltlichen Vorgesetzten, damit sie alles fördern, was deiner Ehre und unserm Heil dient, zum allgemeinen Frieden und zur Wohlfahrt der ganzen Welt.«

3. Zum konkreten Anlaß der heutigen Kommunalwahl hat unser Bischof schon vor drei Jahren in seinem Fastenhirtenbrief »Christ und Kirche in unserem demokratischen Staat« geschrieben: »Der einzelne trägt Mitverantwortung für die Gestaltung des staatlichen und gesellschaftlichen Lebens. Er kann und soll seinen Beitrag für das Gemeinwohl leisten. Wer ohne wichtigen Grund nicht zur Wahl geht, überläßt die Wahrnehmung dieses wichtigsten demokratischen Rechtes andern, deren Vorstellungen und Ziele den seinen vielleicht entgegenstehen.«

Dies mußte ich sagen, in Frankfurt geboren und aufgewachsen und seit fünfzehn Jahren Pfarrer am Dom, mußte ich *heute* sagen am Jahrestag der Altstadtzerstörung, mußte ich *hier* sagen, da wir im Bartholomäusdom wieder Gottesdienst feiern können und nicht mehr zwischen Trümmern. Auch Ihnen ist diese Stadt anvertraut!

22. März 1981
vor einer Kommunalwahl

Kriegsdienstverweigerung kann sittliche Pflicht für jeden werden

Die Friedensbitte »Gib Frieden, Herr!« eröffnet die Meßfeier dieses Sonntags. Gibt es Frieden auf Erden, in unseren Tagen? fragen manche skeptisch. Wenn nicht alles täuscht, begreift aber unser Jahrzehnt, daß Friedensarbeit nüchternste Realität ist.

Gehen wir von der Redensart »Kriege hat es immer gegeben und wird es immer geben« aus. Friedrich von Weizsäcker, Naturwissenschaftler und Friedenspreisträger des deutschen Buchhandels 1964, darf man zustimmen, wenn er sagt: Wer in unserer Zeit dazu beiträgt, den Frieden zu sichern, führt damit keineswegs ein Paradies auf Erden herbei. Ja, der Friede kann scheußlich sein und doch die realste Voraussetzung für das Leben der Menschheit. Ich könnte mir vorstellen, daß Menschen des achtzehnten Jahrhunderts, als noch Ländchen gegen Ländchen und Fürst gegen Fürst und Stadt gegen Stadt zu Felde zog, einen Propheten des Friedens für einen Utopisten gehalten hätten. Wenn heute Offenbach nicht mehr gegen Hanau und Hessen nicht mehr gegen Bayern Krieg führen, dann bestimmt nicht, weil die Parlamente seitdem ihre Oberbürgermeister und Ministerpräsidenten aus den Reihen der Engel wählten. Nein, es ist das eingetreten, was das Konzil mit Papst Johannes sagt: Die Menschen haben erkannt, daß das Mittel des Krieges für die modernen Verhältnisse ungeeignet ist, politische Konflikte zu lösen.

Wer das erkannt hat, kann vor der Frage stehen, ob es unter diesen Umständen nicht geboten ist, den Kriegsdienst aus Gewissensgründen zu verweigern. Wer das ausspricht, muß mit Widerspruch gerade von Christen rechnen, obwohl man in der Pastoralenzyklika des Konzils lesen kann: »Wir können denen unsere Anerkennung nicht versagen, die bei der Wahrung ihrer Rechte darauf verzichten, Gewalt anzuwenden, sich vielmehr auf Verteidigungsmittel beschränken, so wie sie auch den Schwächeren zur Verfügung stehen, vorausgesetzt, daß dies ohne Verletzung der Rechte und Pflichten anderer oder der Gemeinschaft möglich ist... Es scheint angebracht, daß Gesetze für die in humaner Weise Vorsorge treffen, die aus Gewissensgründen den Wehrdienst verweigern, vorausgesetzt, daß sie zu einer anderen Form des Dienstes an der menschlichen Gemeinschaft bereit sind.«

Wehrdienstverweigerer aus Gewissensgründen befinden sich in der gut christlichen Gesellschaft des Bruders Franz von Assisi und seiner »Bußbrüder« im 13. Jahrhundert, aus denen der Dritte Orden hervorging. Wie das Leben nach den Evangelischen Räten Armut, Keuschheit und Gehorsam, kann auch der Verzicht auf Gewalt ein eschatologisches Zeichen sein, das »faßt, wer es fassen kann« (Mt 19,12), um es dann zum Heil für das gesamte Gottesvolk zu leben. Auch wer sich aus andern Gründen, wenn es nur Gewissensgründe sind, zum Verzicht auf Gewalt bekennt, verdient die Anerkennung, die das Konzil ausspricht, und die Förderung durch die Boten der Kirche gegenüber der weltlichen Obrigkeit. Der Präsident der Deutschen Pax-Christi-Bewegung, Julius Kardinal Döpfner, gab auf dem Essener Katholikentag zu, daß die Katholische Kirche in Deutschland reichlich spät diesen Dienst am Gewissen erkannt habe, daß sie ihn aber nunmehr ernsthaft leisten wolle.

Dabei zieht die Kirche in dieser Weltstunde keineswegs die Konsequenz, daß der soldatische Dienst mit der Waffe schlechthin als unmoralisch zu verwerfen sei. Nach erregten Debatten beschloß das Konzil: »Wer als Soldat im Dienst des Vaterlandes steht, betrachte sich als Diener der Sicherheit und Freiheit der Völker. Indem er diese Aufgabe recht erfüllt, trägt er wahrhaft zur Festigung des Friedens bei.«

Dabei aber kann sich niemand beruhigen! Ein christlicher Soldat muß damit rechnen, daß auch von ihm die Verweigerung des Kriegsdienstes in bestimmten, vom Konzil durchaus für möglich gehaltenen Situationen gefordert wird. »Wehrdienstverweigerung aus Gewissensgründen« könnte also eines Tages als unabweisbare sittliche Forderung vor jedem Offizier und jedem Soldaten stehen, denn »Handlungen, die im bewußten Widerspruch zum natürlichen Völkerrecht stehen, sind Verbrechen, ebenso Befehle, die solche Handlungen anordnen; auch die Berufung auf blinden Gehorsam kann den nicht entschuldigen, der sie ausführt. Zu diesen Handlungen muß man an erster Stelle rechnen: ein ganzes Volk, eine Nation oder eine völkische Minderheit aus welchem Grunde und mit welchen Mitteln auch immer auszurotten«, aber auch gewisse vom Konzil benannte Methoden des modernen Krieges. Für jeden gewissenhaften Menschen stellt sich darum unabweisbar die Frage: Sind die Staatsbürger, ob in Uniform, ob in Zivil, darauf gefaßt und vorbereitet, im Konfliktfall den Kriegsdienst kategorisch zu verweigern?

Man hat gesagt, daß der Friede im 20. und 21. Jahrhundert »machbar« geworden sei. Ist damit das Gebet um den Frieden unnötig oder gar sinnlos geworden? Keineswegs. Das Gebet um den Frieden meint die Bitte an den Herrn der Gnade, daß er den Verstand erleuchtet und die Herzen bewegt. Auch im 20. und 21. Jahrhundert können es nur Menschen sein, die sich um den Frieden mühen, und auch die Menschen des 20. und 21. Jahrhunderts bedürfen der Gnade Gottes. Darum muß auch weiterhin und mehr als bisher gebetet werden.

6. Oktober 1968
18. Sonntag nach Pfingsten

Volkstrauertag

Wer zwischen Rom und Neapel die berühmte Benediktiner-Abtei Montecassino besucht, könnte vergessen, daß 1944 hier nur Trümmer lagen: Trümmer oben auf der Höhe, wo Benedikt von Nursia 529 das Kloster gegründet und 547 seine irdische Ruhestätte gefunden hatte; Trümmer unten im Tal, wo sich seit der Zeit der Römer eine bedeutende Stadt entwickelt hatte. Kloster und Stadt sind wieder aufgebaut und mit Leben erfüllt, als wäre nichts gewesen. Aber von einer der großartigen Terrassen des Klosters sieht man bald die Anlage eines Soldatenfriedhofes. Auf dem benachbarten Monte Calvario ruhen 1111 polnische Soldaten, die hier im Süden im Kampf um ihre Heimat und die Freiheit gefallen sind. Bald entdeckt der Besucher, daß in und um die modern wiederaufgebaute Stadt wie wohlbestellte Felder andere Gottesäcker liegen mit Gefallenen aus ganz Europa und anderen Kontinenten: Engländer, amerikanische Neger, Brasilianer, italienische Partisanen, Franzosen, Gefallene einer jüdischen Brigade – und viele Deutsche und Österreicher.

In dieser Stunde denke ich besonders an einen 18jährigen Fallschirmjäger, Bergkamerad und aktiv in der Gemeinde, in der ich damals als Kaplan tätig war. Am Karfreitag 1944, nach der harten Frontbewährung im Februar, schrieb er u. a.: »... Heiße Friedenssehnsucht steckt in all den jungen Burschen. Man möchte aufbauende Arbeit leisten ... Möge mir auch einmal ein großer schwerer Wirkungskreis geschenkt sein, jetzt hätte ich große Kräfte. Müßte mich allerdings erst selbst gründlichst bilden, denn man verwildert ganz unheimlich. Man erschrickt manchmal, wenn man feststellt, wozu man schon all fähig ist ...« Er hat Nettuno und Montecassino überlebt. Er wollte für andere Menschen leben und wirken – und wie hätten wir ihn brauchen können! Mit Tausenden anderen fiel er ein Jahr später im unbarmherzig weitergeführten Krieg.

Im Mai 1960, sechzehn Jahre nach dem Ende der mörderischen Völkerschlacht, trafen sich Überlebende aller Nationen wieder auf Montecassino, wo alsbald nach Kriegsende die Benediktinermönche mit dem Aufbau ihres Klosters – dem vierten im Lauf ihrer mehr als vierzehnhundertjährigen Geschichte – begonnen hatten.

Zeigen nicht Treffen ehemaliger Kriegsteilnehmer, wie absurd der Krieg ist? Tage, Wochen, Monate lang trachten Männer unter unsäglichen Entbehrungen in allem Ernst danach, andere Männer, die sie nie zuvor gesehen haben, zu schlagen, kampfunfähig zu machen, zu vernichten. Und im Geheimen wissen sie, daß sie in Wahrheit Brüder sind: Wie wäre es sonst möglich, daß sie nach wenigen Jahren, wenn sie überlebten, sich kameradschaftlich wiedersehen wollen – an eben der Stelle der gegenseitigen Qualen, an die die Massengräber erinnern?!

Die Mahnung der Soldatenfriedhöfe, die der Volksbund Deutsche Kriegsgräberfürsorge mit soviel Engagement auch der jungen Generation in aller Welt anlegt und pflegt, heißt Friede. Das ist eine gute und notwendige Botschaft. Aber auch ihr geht es nicht besser als der Frohen Botschaft dessen, der unser Friede ist, Jesus Christus. 1960 trafen sich die Veteranen von Montecassino in Montecassino. Ich nenne nur zwei zeitliche Parallelen: in demselben Jahr ist wieder Krieg in Vietnam und im Nahen Osten. Wo ist der Friede?

Am 24. Oktober 1964, gut zwanzig Jahre nach der Katastrophe, weihte Papst Paul das neue Kloster ein, das mit Feinsinn und großem Aufwand exakt rekonstruiert worden war. Auch vom erneuerten Portal des Klosters grüßt wieder der benediktinische, der christliche und jüdische und moslemische Gruß: PAX – Friede – Schalom – Salem. Er grüßt jeden, der sich auf der festlichen Straße dem Kloster nähert.

Am Grab des heiligen Benedikt entzündete der Papst »Lampen der Brüderlichkeit«. Eine sollte im Kloster, fünf weitere auf den großen Soldatenfriedhöfen von Cassino brennen. Dabei sagte er ungeschützt: »Wir wollen hier das Ende des Krieges und – so Gott will – aller Kriege verkünden. Hier wollen wir, im Zeichen der Verzeihung und Verbrüderung aller Menschen, neu beleben die Freiheit und die Liebe im Frieden Christi.«

Geste und Wort gingen um die Welt, werden in Montecassino gehütet und dem Besucher weitergegeben. Ich weiß nicht, wie Sie es empfinden. Wirkt es nicht rührend in der Lauterkeit der Menschheitssehnsucht nach Frieden – wirkt es aber nicht zugleich auch tief hilflos im Angesicht der politischen Wirklichkeit auf unserem Globus?!

Sie werden mir alle zustimmen: Diese Geste und dieses Wort sind so lauter und zugleich so hilflos wie unser Tun am heutigen Volkstrauertag, wenn leitende Politiker unseres Staates einen Kranz niederlegen und sich vor den Millionen Toten, den Opfern der Kriege und der ungerechten Gewalt, verneigen – während zu gleicher Zeit an zahlreichen Stellen der Erde Krieg, Terror und Folter, verschämt oder unverschämt, weiter ihr Unwesen treiben. Verhüte Gott, daß ein Bürger unseres Landes durch Waffengeschäfte oder sonstwie indirekt in diese Händel verwickelt ist.

So bescheiden also auch unser Unternehmen sich ausnimmt neben den entscheidenden, prägenden Aktionen dieser Zeit, Grund zum Kapitulieren haben wir nicht. Zwei Tatsachen geben mir Hoffnung, daß die Opfer dieses Jahrhunderts der Weltkriege nicht umsonst gebracht worden sind, und daß allem zum Trotz der Friede eine Chance hat.

Die erste Tatsache ist die Zusage Gottes, die im Buch der Weisheit in der Bibel unseres Alten Testamentes als Preisung aufgeschrieben ist: »Du liebst alles, was ist, und verabscheust nichts, was du gemacht hast; denn hättest du etwas gehaßt, du hättest es nicht geschaffen« (Weish 11,24). Mit dem jüdischen Weisen des ersten Jahrhunderts vor Christus bin ich der Auffassung, daß niemand, absolut niemand, Gottes Welt so schlecht machen könnte, daß sie nicht mehr des Menschen würdig, daß sie nicht mehr Gottes Welt wäre. Gott, der Schöpfer, ist und bleibt der Herr, mag es gelegentlich auch anders aussehen. Gott kann schweigen – mehr als wir wünschen –, aber er zieht nicht aus aus seiner Welt. Er haßt nichts von dem, was er geschaffen hat, er steht dazu.

Diese Überzeugung lebt offenbar auch im letzten Drittel des 20. Jahrhunderts. Wie wäre es sonst gekommen, daß vor knapp vier Wochen, am Dienstag, dem 18. Oktober, die Kirchen voll Menschen waren, die zum Herrn der Geschikke und der Geschichte beteten. Die Bitten für die todgeweihten Passagiere in Mogadischu wurden zum Dank und zur Fürbitte für die verblendeten Mörder, denn auch diese sind und bleiben Geschöpfe dessen, der nichts haßt von dem, was er geschaffen hat. Wenn aber Gott, der »Freund des Lebens« (Weish 11,26) und des Friedens, mit von der Partie ist, dann hat jeder noch so kleine Beitrag für den Frieden seinen Sinn: jedes Wort der Ermutigung an unsre trägen Herzen, jedes Schweigen des Verstehens und der Selbstbeherrschung, wenn Worte zu Waffen entartet sind; jede Tat der Hilfe, daß Recht geschieht, wo Unrecht herrschen will.

Genau vor vier Wochen nahm an dieser Stelle Leszek Kolakowski den Friedenspreis des deutschen Buchhandels entgegen. Ein hart geprüfter Mann des hart geprüften polnischen Volkes; einer, der weiß, wovon er redet, sagte bei dieser Gelegenheit: »Wir wollen überdies unsern Verfolgern Gutes erweisen, für unsere Feinde beten. Muß ein so naturvergewaltigender Anspruch als allgemein bindend gelten? Darauf kann man nur das Banalste sagen: daß es nur sehr wenige gibt und je geben wird, die dieser Aufforderung je gewachsen sind, ist sicher; auf den Schultern dieser wenigen beruht aber das Gebäude der Zivilisation, und das Geringe, wozu wir fähig sind, verdanken wir ihnen.«

Dieses Wort eines unverdächtigen Zeugen könnte jeden,

Politiker und Erzieher, Publizisten und Mann oder Frau, des Volkes ermutigen.

Und ein zweites gibt mir Hoffnung. Auch die Generation die den zweiten Weltkrieg mitgemacht hat, erfuhr offenbar erst im Kriegsgeschehen und danach, daß die Kriegsgegner keine Erbfeinde sind, sondern Nachbarn mit Konfliktmöglichkeiten. Zu den Folgen des letzten europäischen Krieges gehört es, daß heute schon die Kinder die anderen Völker als Nachbarn erleben. Ich denke an Partnerschaften zwischen Städten, Jugendaustausch und Reisedienste auf der Grundlage des Gemeinsamen Marktes. Aber noch intensiver und direkter wird die Nachbarschaft im täglichen Zusammenleben erfahren, wie es der Zustrom ausländischer Mitbürger in die Bundesrepublik und andere europäische Länder mit sich bringt. Die Stadt Frankfurt mit jetzt 18,4% ausländischer Mitbürger in ihren Mauern weiß seit mehr als zehn Jahren um die Probleme. Erkennen wir auch die Chance für unsre Zukunft? Es ist an der Zeit, daß wir Deutschen ein europäisches Bewußtsein entwickeln, das die nationale Eigenheit, die geschichtlichen Wurzeln, die Verschiedenheit von Religion und Sitte anderer Gruppen annimmt, toleriert, Raum gibt in einem Gemeinwesen, das auf Recht und Gerechtigkeit für alle gründet und von allen gemeinsam getragen wird, auch politisch. Hier bei uns wird Europa eingeübt – oder es wird nicht, und damit könnten wir den Auftrag unsres Jahrhunderts verfehlen. Dann wären alle Opfer wirklich vergebens gewesen.

In den letzten Tagen hatte ich ein Erlebnis. Eine Kinderschar feierte den heiligen Martin – den Heiligen übrigens, dem St. Benedikt auf dem Montecassino vor fast 1450 Jahren die erste christliche Kirche geweiht hatte. Die Kinder waren Italiener, Spanier, Kroaten, Slowenen, Türken – und eine Minderheit von 40% waren auch Deutsche: ein Kindergarten im Frankfurter Gallusviertel. Die Eltern hatten sie feingemacht; sie trugen große bunte Lampen, die sie gebastelt hatten, in ihren Patschhänden. Und kräftig sangen sie: »Ich geh mit meiner Laterne und meine Laterne geht mit mir, und über uns leuchten die Sterne – hier unten da leuchten wir.«

Können wir mehr tun als diese Kinderschar aus den europäischen Ländern? Im Grunde wohl kaum, aber wir dürfen nicht weniger tun. Wenn viele und wenn immer mehr Menschen, wo und woher immer sie sind, das Licht ihrer Zuversicht und ihres Mutes tragen – von »Lampen der Brüderlichkeit« spricht man in Montecassino –, dann wird es gewiß nicht gleich taghell, und wir versengen vielleicht auch dem einen oder andern Griesgram den Bart, so daß er uns beschimpft, aber es wird doch ein wenig heller, ein wenig menschlicher. »Über uns leuchten die Sterne« sangen die Kinder: Gott liebt diese Erde, auch wenn sie entlaubt, von Granaten zerfetzt, von Säure zersetzt und von gott-eben-bildlichen Menschen besudelt ist. Denn »unten, da leuchten wir«, sangen kräftig die Kinder, und wir konnten es ihren frohen Gesichtern glauben: »und unten, da leuchten wir«. So gut wir können, wollen wir »werden wie die Kinder«. So gut wir können, geben wir Zeugnis für eine Welt, welche die Chance wahrnimmt, die der Schöpfer uns gibt. Unser Jahrhundert mußte erleben, daß man auch Kinder umfunktionieren, durch Ideologien verfremden, innerlich vergiften kann. Desto mehr gilt: Die Kinder verpflichten uns und heißen uns hoffen.

Paulskirche
13. November 1977

Der erste Christ in Europa

Man weiß es ziemlich genau: Im Jahre 51 reisten drei Männer, Paulus, Silas und Timotheus, in Kleinasien, in der heutigen Türkei. Sie wollten das Wort Gottes verkünden (Apg 15,36), das dem Paulus in Jesus Christus erschienen war, das Evangelium, die gute Nachricht (Apg 16,10). Der sie führte, war der Heilige Geist (Apg 16,6), der Geist ihres Herrn Jesus Christus (Apg 16,7) und seines himmlischen Vaters.

Ihre eigene Absicht war gewesen, weiter den Völkern in Kleinasien zu predigen. Zweimal setzten sie zur Reise an, zweimal erlaubte es ihnen der Heilige Geist (Apg 16,6), der Geist Jesu (Apg 16,7), nicht. So wandten sie sich nach Westen zur Küste des Ägäischen Meeres, was für die Zukunft des Christentums, für die Zukunft der Welt bis heute und wohl noch für viele Jahrhunderte so bedeutsam werden sollte: Europa kam ihnen in den Blick.

In der Nacht sah Paulus im Traum einen Mann aus Mazedonien, Troas gegenüber, auf der anderen Seite des Ägäischen Meeres, das Asien und Europa trennt. Dieser Mann aus dem heutigen Griechenland bat ihn: »Komm herüber nach Mazedonien und hilf uns.« Das war der Ruf Europas nach Jesus Christus.

Paulus und seine beiden Gefährten, denen sich als vierter ein griechischer Arzt namens Lukas anschloß, begriffen. Ganz schlicht heißt es in der Apostelgeschichte (16,10–11a), von diesem Arzt Lukas später niedergeschrieben: »Auf dieses Gesicht hin wollten wir sofort nach Mazedonien abfahren, denn wir waren überzeugt, daß uns Gott gerufen hatte, ihnen das Evangelium zu verkünden. So fuhren wir in Troas ab.«

Ein großer Augenblick der Kirchen- und der Weltgeschichte! Fast vierhundert Jahre vor Paulus kam aus Mazedonien ein zweiundzwanzigjähriger König, Schüler des Philosophen Aristoteles in Athen, Alexander mit Namen, aus dem Westen in den Osten und brachte als siegreicher Feldherr auch nach Kleinasien und Palästina griechische Sprache, Sitte und Kultur, die Sprache also, in der Paulus seine Briefe und Johannes sein Evangelium schreiben sollten, die Sprache, in die die siebzig Schriftgelehrten, die Septuaginta, das Alte Testament übersetzten, das Paulus bei seinen Predigten benutzte. Nun, im Jahre 51, ruft der gebildete und tonangebende Westen mit den Metropolen Athen und Rom die noch höhere Gabe Gottes aus dem Osten herüber: das Evangelium von Jesus Christus, dem Heiland der Welt. Ex oriente lux – aus dem Osten kommt das Licht. Und diese Nacht des Jahres 51, der folgende Tag der Abfahrt und die Landung des Schiffes nach zwei Tagen in Griechenland markieren das Ereignis: Das Evangelium geht aus dem engen Kleinasien in die weite Welt. Die Antike des Westens im Hellenismus und die Frohe Botschaft des Nazareners aus dem Osten bilden den Grund für das, was wir Europa nennen. Wenige Monate danach steht Paulus in Athen am Fuß der Akropolis auf dem Areopag, zehn Jahre später ist er in Rom, und in den letzten Jahren seines Lebens predigt er in Spanien. Nach ihm gründen christliche Missionare Gemeinden in Frankreich. Voll Ergriffenheit stand ich Anfang Juni in Lyon an der Stelle, an der im Jahre 177 fast die ganze Gemeinde ausgerottet wurde, die, aus Kleinasien kommend, sich dort niedergelassen hatte: »Martyrer von Lyon.« Christliche Gemeinden entstanden von Rom aus in England, Schottland und Irland, von diesen aus in den nordischen Ländern und in Germanien, aus dem (nicht ohne das Christentum) Deutschland wurde, dann in Polen und Rußland, kurz das Gebiet zwischen dem Atlantik und dem Ural, zwischen dem Mittelmeer im Süden und dem Eismeer im Norden fand sich als Europa zusammen.

Den fruchtbaren Keim legten Paulus und seine drei Gefährten im Jahre 51, als sie in Mazedonien an Land gingen. Der sie führte und dem sie gehorsam folgten, war – nach dem Zeugnis der Heiligen Schrift – der Heilige Geist.

Wer aber nahm ihre Botschaft zuerst an, nahm sie zuerst auf in ihr Haus und in ihr Herz? Dankbar und voll Freude sage ich es an dieser Stätte: Der erste Christ in Europa war eine Frau. Lydia war Geschäftsfrau in der römischen Kolonialstadt Philippi. Sie handelte mit dem begehrten Farbstoff Purpur, war also, so könnte man heute in Frankfurt sagen, ein bescheidener Vorläufer der Farbwerke Hoechst und ihrer Verkaufsabteilung »Farben«. Lukas erinnert sich noch genau an diese Begegnung (Apg 16,13 und 14): »Am Sabbat gingen wir durch das Stadttor hinaus an den Fluß, wo wir ein Bethaus vermuteten. Wir nahmen Platz und sprachen zu den Frauen, die sich eingefunden hatten. Eine Frau mit Namen Lydia, eine Purpurhändlerin aus der Stadt Thyatira, hörte zu; sie war eine Gottesfürchtige, und der Herr öffnete ihr das Herz, so daß sie aufmerksam den Worten des Paulus lauschte.« Auch hier stand am Anfang das Lauschen, das Hören auf die Botschaft, die der Geist den Menschen zu sagen hat. Offenbar war sie eine tatkräftige Frau, die sich rasch und gründlich entschließen konnte. Sie läßt sich und, was damals selbstverständlich war, auch gleich ihre Familie und ihre Dienerschaft taufen und wird nicht nur zum ersten, sondern gleich zum engagierten und aktiven Glied der ersten christlichen Gemeinde Europas (Apg 16,15): »Als sie und ihr Haus getauft waren, bat sie: Wenn ihr überzeugt seid, daß ich fest an den Herrn glaube, kommt in mein Haus und bleibt da.« Ihr Haus bietet sie als Pfarrhaus (oder Bischofshaus) und Kirche an, und zwar offenbar mit dem Nachdruck einer energischen Chefin, die weiß, was sie will: »Und sie nötigte uns zu bleiben« (15) und von ihrem Haus aus die weitere Verkündigung zu betreiben.

Das war der Anfang. Im Tagesgebet haben wir uns an Gott gewandt: »Was Deine Gnade gewirkt hat, als die Frohe

Botschaft in Europa ihren Anfang nahm, das wirke jetzt in den Herzen aller Gläubigen.« Wir stehen in der Frauenfriedenskirche, die die Völker Europas an ihre dunkelsten Stunden mahnt, als sie zweimal in diesem Jahrhundert sich gegenseitig vernichten wollten. Wir stehen vor dem großen Kreuz, um das heilige Frauen, die meisten europäische Frauen, den Friedenskönig anbeten, Vorbeterinnen für uns alle.

Im Vertrauen auf Gottes Heiligen Geist, der die Apostel und Lydia führte, geben wir nicht auf. In seiner Kraft kann Europa »zur Völkerfamilie zusammenwachsen, in der jeder bereit ist, die Talente des andern anzuerkennen, seine Fehler in Güte zu ertragen und die Last mit den andern redlich zu teilen« (Kardinal König). Dafür wollen wir gemeinsam beten und arbeiten.

Wallfahrt zur
Frauenfriedenskirche in Frankfurt
5. Oktober 1977

Ökumene am Ort

Als ich im Februar 1981 der Gemeinde Sankt Katharinen die Glückwünsche der katholischen Nachbarn zum 300jährigen Bestehen des Gotteshauses an der Hauptwache überbringen wollte, kam mir die Frage in den Sinn: wer hat vor 100 Jahren, beim 200jährigen Jubiläum, dem evangelischen Nachbarn gratuliert und mit welchen Worten? Ich brauchte nicht in der Chronik zu forschen: 1881 wurde ein Grußwort weder erbeten noch entboten. Es wurde auch nicht vermißt. In der damaligen Öffentlichkeit wäre es nicht möglich gewesen. In Preußen ging gerade Bismarcks Kulturkampf zu Ende. Der Bischof von Limburg war zu Gefängnis verurteilt worden. Um dem zu entgehen, floh er außer Landes und suchte von Böhmen aus sein Bistum zu leiten. Kommissarisch verwaltet, vor allem finanziell, wurde es vom Preußischen Staat, und in ihm auch das Bischöfliche Kommissariat Frankfurt. Das Staatsoberhaupt, der König von Preußen, war zugleich das Oberhaupt der evangelischen Kirche, auch diese also war nicht frei.

Unsere Ökumene ist ein Geschenk Gottes an das 20. Jahrhundert, nachdem in zwei Weltkriegen vieles zerbrochen war. Wenn ich in diesem Maßstab denke, muß ich dem Herrn der Kirche immer noch und immer wieder danken. So verständlich Ungeduld und Pessimismus gelegentlich sind, wenn wir die ökumenische Weiterentwicklung verfolgen, Resignation wäre falsch, ich halte sie für undankbar und unfruchtbar . . .

»Zwanzig Jahre Ökumene in Frankfurt«
im Kirchlichen Jahrbuch 1983

*

Der Weg

»Daß die sichtbare Einheit des Reiches Gottes so komme, wie Christus sie will!
Durch die Mittel, die Er gern möchte.«

(Abbé Paul Couturier)

Der Frankfurter Oekumenische Dekane-Convent reiste 1979 in die Partnerstadt Lyon. Am 4. Juli besuchten wir dort die Wirkungsstätte des 1953 verstorbenen Ökumenikers, des Kartäuserpaters Paul Couturier. Seine Vorstellung von Ökumene machten wir uns erneut zu eigen für unsere Frankfurter Bemühungen.

*

Faustregel für die Praxis

Was wir gemeinsam tun können, tun wir gemeinsam. Wenn einer von uns feststellen muß, dieses oder jenes gehe nicht gemeinsam, sprechen wir untereinander offen über die Gründe, warum einem dies nicht oder noch nicht ökumenisch möglich ist. Einer respektiert die Gründe des andern. So lernen wir einander besser kennen in unserer Eigenart mit den jeweiligen Möglichkeiten und Grenzen, setzen den andern nicht unter Druck und vermeiden so, daß aus einem Nebeneinander Mißtrauen oder gar ein Gegeneinander wird.

Absprache zwischen Pfarrer Ernst Schäfer, dem Vorsitzenden des Evangelischen Regionalverbandes, und Stadtdekan Walter Adlhoch, dem Vorsitzenden des Gesamtverbandes der katholischen Kirchengemeinden.

*

Aufgaben für die nahe Zukunft

Vor unsern Türen und in unsern Kirchen stehen Probleme zur Lösung an, die über die bisher schon laufenden Bemühungen der christlichen Kirchen und Gemeinschaften in unserer Stadt hinausgehen. Ich nenne tieferliegende pastorale, letztlich theologische Probleme, die nur ökumenisch angegangen werden können:

– Unser kostbarstes Gut ist der Glaube »an den einen wahren Gott und den du gesandt hast, Jesus Christus; er ist das Leben« (vgl. Joh 17,3). Wie geben wir den Glauben weiter an die folgende Generation, daß er lebensstiftender Glaube »für euch und für alle« ist und bleibt?

– Die sakramentale Dimension der Kirche ist bedroht. Das Drängen vieler Christen auf Interkommunion (Abendmahlgemeinschaft) könnte als Signal verstanden werden. Es erscheint mir aber so lange nicht glaubwürdig und verheißungsvoll, solange in der eigenen Konfession der Hunger nach dem »lebendigen Brot..., das wahrhaft eine Speise ist« (vgl. Joh 6), nicht wächst, sondern eher abnimmt. Das Brot will nicht nur geglaubt, diskutiert, angeschaut werden, sondern gegessen »in Freude und Einfalt des Herzens miteinander« (vgl. Apg 2,46). Solange die aktive Teilnahme jeden Sonntag am »Gedächtnis des Herrn« nicht mehr zur Mitte der christlichen Gemeinde gehört, sind wir besorgt. Kümmert uns das gemeinsam? Erinnert sei an Hans Küng, der am 31. Oktober 1972 beim ökumenischen Gottesdienst im Dominikanerkloster sagte, daß wir »den Mut haben zu fordern, was jeder Rotary- oder Lyonsclub zu fordern den Mut hat: eine Stunde Zeit in einer geschäftigen Woche, für Gott selbst und uns, für die Besinnung auf unser Leben in seinem Licht, für Dank, Lob und Fürbitte inmitten der Gemeinschaft, die nur dann wahrhaft eine Kirche (ekklesia = Versammlung) genannt zu werden verdient, wenn sie sich überhaupt noch versammelt«.

– Die Zahl derer, die ihre Kinder nicht mehr taufen lassen und christlich erziehen wollen, wächst. Viele heiraten Partner keines oder eines anderen Glaubens. Eine Untersuchung der Kirchenaustritte vor 10 Jahren ergab, daß die Zahl der Kirchenaustritte in konfessionell gemischten Ehen weitaus am höchsten liegt. Wir Christen in einer Stadt müssen uns fragen: was tun wir – gemeinsam – für die Vorbereitung auf die Ehe, für die Begleitung der Eheleute auf ihrem Weg? »Ökumenische Trauungen« halte ich für weniger zukunftweisend als ökumenischen Brautunterricht oder mindestens ökumenische Absprachen, wie wir ihn – nebeneinander oder miteinander – halten sollen.

– Eine Herausforderung für alle Christen in Frankfurt ist die jährlich wachsende Zahl von Mitbürgern und Nachbarn (Nächsten!), die ohne jede Religion oder weder Christen noch Juden sind. Was tun wir zum Beispiel gemeinsam für ein Gespräch mit dem Islam und dem Atheismus? Wird auch bei uns mit unserer Hilfe »allem Volke zuteil« (Lk 2,10), was wir vom Herrn empfangen durften? Wie attraktiv für andere ist unser gelebtes Christentum?

Die gegebenen Hinweise sind weder vollständig noch systematisch zu Ende gedacht. Ich bin kein Fachtheologe, ich bin ein Pfarrer hier und heute und habe gelernt, daß die Kirche immer und überall der Reform bedürftig und der Reform fähig ist durch ihren einen Herrn Jesus Christus, also auch in Frankfurt.

»Zwanzig Jahre Ökumene in Frankfurt«
Kirchliches Jahrbuch 1983

»*Die Wahrheit tun in Liebe*« *(Eph 4,15)*

Liebe Katholiken, Altkatholische und Römisch-Katholische; liebe Christen, die sich nicht Katholiken nennen!

1. Es ist nicht selbstverständlich, daß wir heute hier zusammen sind.

Wohl weiß ein Frankfurter, daß es unter den christlichen Gemeinden seiner Stadt auch eine alt-katholische gibt. Wenn ich vor dem Krieg an der Alten Nikolaikirche auf dem Römerberg vorbeikam, schaute ich wohl manchmal auf das Schild am Portal, aber ich wäre nicht auf den Gedanken gekommen, in der Kirche an einem Gottesdienst teilzunehmen. Dabei wußte ich wohl, daß auch in ihr wie in meiner Kirche ein Tabernakel steht und, wie wir sagen, Jesus Christus in der Brotsgestalt gegenwärtig ist. Und heute feiern wir in der alt-katholischen Kirche den Gottesdienst gemeinsam. Gemeinsam haben wir ihn vorbereitet, gemeinsam halten wir ihn, und nicht nur die beiden Bischöfe und die Priester, auch die Glieder der beiden Gemeinden.

Erst hundert Jahre ist es her, daß sich die Alt-Katholiken zu einer eigenen Gemeinschaft zusammengeschlossen haben, bis dahin, viele hundert Jahre also, waren wir zusammen in der einen römisch-katholischen Kirche. Was uns vor hundert Jahren trennte, war keine Lappalie, wie auch wir Katholiken wissen. Es ging um das Verständnis des Petrusamtes in der nachapostolischen Kirche. Es ging um die Unfehlbarkeit und um den Rechtsprimat des Bischofs von Rom in der ganzen Kirche, wozu ein Konzil im Vatikan 1870 feierlich Stellung genommen hatte. »Die Wahrheit tun in Liebe« (Eph 4,15): Um der Wahrheit willen müssen wir in Liebe sagen: Darum geht es auch heute noch.

Zu diesen dogmatischen Gegensätzen sind in diesen hundert Jahren viele heiße Worte und, was noch schlimmer ist, viele eiskalte Worte gesagt und geschrieben worden, rechthaberische und gehässige, triumphalistische und diffamierende, und schließlich ist das Gespräch verstummt. Es ist nicht selbstverständlich, daß wir heute hier zusammen sind. Und doch sind wir zusammen. Ich kann es nur so erleben:

2. Es ist ein Geschenk, daß wir heute hier zusammen sind.

Für ein Geschenk muß man danken. Als Priester der römisch-katholischen Kirche danke ich zuerst den Vätern der alt-katholischen Kirche in Deutschland und der Utrechter Union. Schon Professor Ignaz Döllinger (gestorben 1890), das geistliche Haupt am Anfang, warnte davor, »Altar gegen Altar« zu stellen. Als dann doch eine alt-katholische Kirche in Deutschland vorbereitet und der Kontakt mit andern episkopalen Kirchen aufgenommen wurde, haben das die Väter als Notstand betrachtet. Die Tür blieb bis heute offen. Zu danken haben wir auch, daß der Traum von einer deutschen Nationalkirche seine Anziehungskraft verloren und der Ruf »Los von Rom« sich als oberflächlich und irreführend erwiesen hat.

Zu danken haben wir Papst Johannes XXIII. und den Vätern des Zweiten Vatikanischen Konzils von 1962 bis 1965. Das Konzil hat nicht das I. Vaticanum aufgehoben, das war nicht zu erwarten. Aber ohne das Konzil wären wir heute nicht hier beisammen. Das Konzil hat Gespräche freigesetzt, den Blick vom Trennenden auf das größere Gemeinsame gelenkt, das Amt des Bischofs und die Kollegialität der Bischöfe neu erkannt, einen lebendigen Gottesdienst der Gemeinden in ihrer Muttersprache ermöglicht und, was noch mehr ist: das Konzil hat einen herrscherlichen Stil kirchlichen Lebens verurteilt und wieder die Seelsorge, die Sorge um den Menschen und sein Heil, zum obersten Gesetz erhoben.

Die kostbare Frucht dieses neuen Aufbruchs zueinander sind die katholisch/alt-katholischen Gesprächsgruppen in Holland, in der Schweiz und in Deutschland, die schon im Oktober 1968 zur »Züricher Nota« führten. In diesem Frühjahr hat sie Kardinal Döpfner im Namen der Deutschen Bischofskonferenz nach Rom weitergegeben und ihre Annahme dringend empfohlen. Die »Nota« spricht von »einer sehr engen Gemeinschaft in Glaubenssachen«, schlägt die Sakramentengemeinschaft zwischen den Katholiken und Alt-Katholiken ähnlich wie mit den Kirchen der Orthodoxie vor, die gemeinsame Feier des Abendmahles (Interkommunion) nicht ausgenommen, und empfiehlt für die Mischehen zwischen Alt-Katholiken und Katholiken Regelungen, die über das jüngste Mischehendekret hinausgehen. Wir haben die Hoffnung, daß Rom sich diese Vorschläge bald zu eigen macht und ihnen damit Gültigkeit verleiht.

Wenn wir von dem Geschenk sprechen, für das wir zu danken haben, so gilt der Dank natürlich vor allem dem Heiligen Geiste Gottes, der sich in unsern Tagen deutlich als Herr seiner Kirche erwiesen hat. Werden wir diesem Herrn folgen?

Nachdem ich feststellen mußte: es ist nicht selbstverständlich, es ist ein Geschenk, daß wir heute hier zusammenkommen, darf ich sagen:

3. Es wird uns selbstverständlich sein, daß wir noch tiefer zueinanderfinden.

Das bisherige Gespräch läßt hoffen, daß Katholiken und Alt-Katholiken schon das nächste Mal nicht mehr nur in einem gemeinsamen Wortgottesdienst wie heute, sondern in einer heiligen Messe, in einer Eucharistiefeier verbunden sein dürfen. Dann wird vielleicht noch länger Aussage gegen Aussage, Gewissen gegen Gewissen stehen in der Frage des Petrusamtes, aber es wird nicht mehr Altar gegen Altar stehen. Denn weil sich Katholiken und Alt-Katholiken eins wissen im Verständnis des Bischofs- und des Priesteramtes, könnte auch, wie mit den griechischen Katholiken, die Gemeinschaft des Altares früher verwirklicht werden.

Wenn ich recht sehe, haben wir Katholiken im weiteren Sinne des Wortes (d. h. griechische, römische und alt-katholische Kirchen) in den ökumenischen Dialog als ein Wesentliches das Verständnis des Amtes einzubringen.

Wir römischen Katholiken werden demütig hinhören müssen, was uns »in Glaubenssachen so Nahestehende« gegen unser Papstverständnis zu sagen haben; wir sind aufgefordert, uns unmißverständlich und überzeugend zu artikulieren im Wort und in der Tat.

Aber auch dieser gesamtkatholische Beitrag kann nicht so geschehen, daß jeder für sich denkt, schreibt und betet. Die Geschichte des letzten Jahrzehnts, wenn wir nicht weiter zurückgehen wollen, lehrt uns, daß jede christliche Gruppe mit jeder christlichen Gruppe sprechen muß: »Die Wahrheit tun in Liebe«, d. h. miteinander und füreinander und in gegenseitiger Rücksicht aufeinander, »und so in allen Stükken hineinwachsen in den, der das Haupt ist, Christus. Von ihm aus wird der ganze Leib zusammengefügt und verbunden durch das Band gegenseitiger Hilfeleistung, und jedem Glied wird seine Mitarbeit zugewiesen, und so ergibt sich das Wachstum des Leibes, bis er ganz auferbaut ist in Liebe« (Eph 4,15.16).

Lassen Sie mich schließen mit zwei Zitaten. Das eine ist ein Wort des Apostels Judas, des Heiligen des heutigen Tages. Es steht in seinem Brief, der unter die katholischen Briefe des Neuen Testaments gezählt wird:

»Baut euch auf in eurem heiligsten Glauben, betet in heiligem Geiste, und bewahrt euch so in der Liebe Gottes« (20).

Das andere ist von Ignaz Döllinger; es erinnert mich an die Ansprache Papst Johannes' XXIII. zur Eröffnung des Konzils:

»Der Kampf um die Existenz, den die christlichen Kirchen gegen die riesenhaft emporstrebenden Mächte des Unglaubens und der Zerstörung werden führen müssen, kann nur mit vereinten Kräften von ihnen bestanden werden.

Wer immer an Christus glaubt, kann sich der Erwartung nicht verwehren, daß eine nicht allzu ferne Zukunft eine Kirche bringen werde, die als echte Fortsetzung und Nachfolgerin der alten Kirche der ersten Jahrhunderte Raum und Anziehungskraft haben werde für die jetzt noch Geschiedenen, eine Kirche, in der Freiheit und Ordnung, Zucht und Sittlichkeit und Glaubenseinheit mit Wissenschaft und ungehemmter Forschung sich vertragen werden.

Fürwahr, jeder, dem der Name eines Christen noch Wert hat, sollte täglich Gott anrufen, daß doch einmal wieder eine Ausgießung des Geistes der Einigkeit erfolgen, ein neues Pfingstfest der Erleuchtung, des Friedens und der Bruderliebe gefeiert werden möge. Wenn wir aber in diesen Kampf ziehen wollen, dann tun wir es unter der Führung eines, dessen Name auch dem Zaghaftesten Mut einzuflößen vermag. Es ist der, von dem alle gute Gabe kommt, der, dessen Wort noch nicht erfüllt ist und doch noch erfüllt werden muß, das Wort: Es wird ein Hirte und eine Herde werden.«

Vespergottesdienst der Alt-Katholischen und der Römisch-Katholischen Kirche in Frankfurt am Main am 28. Oktober 1970 in der alt-katholischen Christkönig-Kirche

Grußwort an den Evangelischen Kirchentag

Wenn evangelische Christen nach Frankfurt kommen, um ihren Kirchentag zu feiern, dann kann das auch die Christen der anderen Konfessionen nicht gleichgültig lassen. Schon beim Kirchentag im Jahre 1956 haben darum katholische Familien und Einrichtungen Kirchentagsgäste aufgenommen und Verbindungen geknüpft. Auch für den Kirchentag 1975 sind zahlreiche Frankfurter Katholiken schon entschlossen, wieder Gäste aufzunehmen.

Mit großer Freude und Dankbarkeit haben wir Frankfurter Katholiken die Bitte des Evangelischen Kirchentages und der evangelischen Gemeinden in Frankfurt aufgenommen, den Evangelischen Kirchentag 1975 von Anfang an in ökumenischer Verbundenheit gemeinsam vorzubereiten. In wohl allen Ausschüssen und Kommissionen arbeiten darum seit Monaten auch Vertreter der katholischen Gemeinden und Einrichtungen mit. Das hervortretende ökumenische Ereignis während des Kirchentages dürfte wohl der Eröffnungsabend in vierzehn Kirchen, evangelischen und katholischen, der Innenstadt sein. Die katholischen Gemeinden sehen sich nicht weniger als die evangelischen als Gastgeber dieser Abendveranstaltung. Diese Zusammenarbeit darf die im kirchlichen Alltag gewachsene Praxis ökumenischen Tuns in unserer Stadt auf eine Großveranstaltung übertragen.

Auch an der geistlichen Erarbeitung der Kirchentagsthematik »In Ängsten – und siehe, wir leben« sind wir Katholiken beteiligt. Viele unserer Gemeinden haben sich für die theologische Erwachsenbildung das Kirchentagsthema vorgenommen, und zwar unter Berücksichtigung der vom Evangelischen Kirchentag vorgelegten Themenkreise.

Ganz ausdrücklich danke ich dem Evangelischen Kirchentag, daß er diese Thematik für Wochen und Monate und dann öffentlich für den 11. bis 15. Juni 1975 in unsere Stadt hineinstellt. Das Sprechen über Ängste ist in Frankfurt kein Verlegenheitsthema, Tatsachen weisen unübersehbar darauf hin. Nur einige Beispiele seien genannt:

– Alleinsein: Etwa jeder dritte Frankfurter Haushalt ist ein Einpersonenhaushalt; die Selbstmordziffer im Innenstadtbereich beträgt 4 bis 6 auf 10 000 der Bevölkerung über 14 Jahre.

– Altwerden: Etwa jeder fünfte Bürger ist über 60 Jahre alt.

– Leistung und Konkurrenz sind Begriffe, die unserer Metropole zu ihrem Ruf verholfen haben.

– Arbeitslosigkeit, eine nicht zu übersehende Tatsache in einer Stadt mit 540 000 Beschäftigten (1970).

– Die »anderen«: Ungefähr jeder sechste Bürger und jeder dritte Katholik ist Ausländer. Viele Einwohner dieser Stadt kommen aus allen Gebieten der Bundesrepublik. Neuzugezogene finden oft nach Jahren noch keinen Kontakt.

– Keine Zeit: Im Durchschnitt brauchen die Menschen in der Stadt mindestens eine Stunde, um zur Arbeit zu kommen. Jeden Tag pendelt ein Drittel der Bevölkerung in die Stadt.

– Hohe Erregbarkeit: Wenn zu Ereignissen in der Politik oder Gesellschaft Stellung genommen wird, dann ist fast immer Frankfurt dabei.

In dieser Stadt steht mein Gruß an den Evangelischen Kirchentag für Mitchristen, die sich in vielfacher Hinsicht als Mitgastgeber verstehen dürfen, für Mitchristen, die nicht auf ein triumphales, sondern ein demütiges und aufrichtiges Zeugnis für den einen Herrn Jesus Christus hoffen, für Mitchristen, die von Herzen für die Selbstverständlichkeit danken, mit der wir als Brüder und Schwestern am Evangelischen Kirchentag 1975 mitarbeiten und mitbeten dürfen. Ich hoffe zuversichtlich, daß wir unsere evangelischen Schwestern und Brüder nicht enttäuschen werden.

Frankfurt, Juni 1975

»Kristallnacht« 9. November 1938

Gedenkworte am Mahnmal

1974

Heute vor einem Monat starb Herr Oskar Schindler. Er war mehrere Jahre unser Mitbürger. Während des Krieges hat er mehr als 1200 jüdische Menschen vor der Vernichtung bewahrt. Eine Reihe der hier Anwesenden stand am 16. Oktober in der Trauerhalle des Hauptfriedhofes an seinem Sarg. Der Kantor der jüdischen Gemeinde sang den 16. Psalm mit den Versen: »Viele Schmerzen leidet, wer fremden Göttern folgt, ich will ihnen nicht opfern. Denn du gibst mich nicht der Unterwelt preis, du zeigst mir den Pfad zum Leben.« Der Propst der Evangelischen Kirche hielt die Ansprache, der katholische Stadtdekan die Liturgie. Am 28. Oktober trugen ihn israelische Freunde, die ihm ihr Leben verdanken, auf dem Ölberg in Jerusalem, im Sarg mit dem Kreuz darauf, zu Grabe.

In Oskar Schindler sehe ich auch für diese Gedenkstunde ein Zeichen. Die Aufrechten, die Mutigen sagen ihren Zeitgenossen und der kommenden Generation, daß es gut ist, dem Bösen zu widerstehen. Wir müssen nicht schweigen und uns in allem fügen. Sie sagen uns aber auch, daß es schwer ist, dem Bösen zu widerstehen. Keineswegs zahlt sich immer in klingender Münze aus, den Weg des Rechtes, der Güte und der Menschlichkeit zu gehen. Sie sind Vorbilder in einer Zeit, in der mancher erst überlegt, ob Gewissen und gute Tat auch materiell »lohnen«.

Männer und Frauen wie diese lassen nicht vergessen, was nicht vergessen werden darf. Henry Ormond, lange Jahre Vorsitzender unserer Frankfurter Gesellschaft für christliche-jüdische Zusammenarbeit, für die ich hier sprechen darf, sagte beherzigenswert: »Gern wollen wir Juden vergessen, was geschehen ist, wenn wir sicher sein dürfen, daß die Deutschen es nie vergessen.«

Darum stehen wir auch heute wieder hier mit der jüdischen Gemeinde und ihren ungezählten Opfern: daß unser Gedächtnis nicht erlahmt und daß die Entschlossenheit wächst, den Anfängen von Fremdenhaß und Rassendiskriminierung zu wehren. Parolen und Schmierereien wie »Ausländer raus!« wecken nicht nur schlimme Erinnerungen und Ängste, sondern sind hier und heute bedrohlich. Sie fordern unsere Wachsamkeit und unseren Widerstand.

Darum fühle ich mich gedrängt, an dieser Stätte zu beten, wie wir vor dreieinhalb Wochen in der gemeinsamen Trauerfeier auf dem Hauptfriedhof gebetet haben:

Gib, Herr, daß der Mut und die guten Taten von Männern wie Oskar Schindler uns verpflichtendes Beispiel bleiben; laß uns nicht müde werden, für den Frieden zwischen Juden und Christen, Israelis und Deutschen zu wirken und, wenn es sein muß, zu leiden. Laß uns Boten des Friedens sein zwischen allen Völkern und Gruppen des Nahen Ostens und der ganzen Erde im Geist des Vaters im Himmel, der der Vater aller Menschen ist. Amen

1978

Zwei Völker wollte der Nationalsozialismus nicht nur demütigen und besiegen, zwei Völker wollte er ausrotten: Polen und Juden. Mit dieser Vernichtung begann Hitler vor 40 Jahren mit den organisierten Pogromen in ganz Deutschland gegen die Juden. Daß der 17jährige Herschel Grynszpan, der am 7. November vor vierzig Jahren den deutschen Botschafter Ernst von Rath in Paris erschoß und dadurch die Pogrome auslöste, Pole und Jude war, dürfte den nationalensozialistischen Verbrechern bestens ins Konzept gepaßt haben. Zehn Monate später überfiel Hitler Polen, der zweite Weltkrieg war da.

Es begann 1938 als Gewalt gegen Sachen, die man zudem zynisch als Kristall verniedlichte. Diese Sachen aber waren heilige Güter: Synagogen, Kleinode, geistliche Heime lebendiger Menschen in ihren Freuden und Leiden. Diese Sachen waren die Existenzgrundlage, Geschäfte und Wohnungen von Nachbarn. Noch in derselben Nacht ging man von den Sachen zu den Menschen über: Tausende von Juden wurden aus den Häusern geholt, zusammengetrieben, etwa in der Frankfurter Festhalle, und dann am Vormittag in Lager verschickt, in den Tod gejagt – darunter viele, die in unserm Frankfurt länger ansässig waren und für ihr Frankfurt mehr getan und gespendet hatten als die meisten der Henker.

Noch nach vierzig Jahren fragen wir uns, die am Tage danach davon hörten oder vielleicht sogar zusahen; die als junge Generation – oft recht spät und zufällig – davon hörten: Wie war das möglich? So gewiß es keine Kollektivschuld gibt weder von Juden noch von Deutschen, so gewiß ist auch: Verbrechen wie diese, mit der Duldung nahezu eines ganzen Volkes, geschehen nicht plötzlich, haben ihren Sumpfboden. Als katholischer Priester leugne ich nicht und bekenne mit Scham, daß eine falsche, unkritisch weitergegebene christliche Theologie einen religiösen Antijudaismus gepredigt hat: die Juden sind Gottesmörder, an deren Händen das Blut Christi klebt. Das ist geschichtlich und theologisch unhaltbar!

Eine zweite Wurzel sind Ideen der Intelligenz in der Mitte des 19. Jahrhunderts. So haben allen Ernstes 1848 in der Paulskirche honorige Professoren dargelegt, daß keineswegs alle Völker einen eigenen Staat erhalten können, sondern nur die starken und gesunden, und dazu gehöre das polnische Volk nicht.

Ein drittes: Man lese einmal das im letzten Jahr erschienene Werk »Gold und Eisen – Bismarck und sein (jüdischer) Bankier Bleichröder« von Fritz Stern. Aus einer Fülle von Dokumenten wird deutlich, wie verbreitet und tiefverwurzelt in allen Schichten, vom Leser der »Gartenlaube« bis zum Studenten und Dozenten deutscher Universitäten, der Antisemitismus im Kaiserreich war. Von diesem Antisemitismus waren selbst Bismarck und der preußische Königshof infiziert. Die Denk- und Redeweise des »Stürmer« von Julius Streicher lag seit Jahrzehnten bereit.

Bei der Langlebigkeit von Vorurteilen darf es nicht verwundern, daß es auch heute noch Antijudaisten gibt, die auch eine Besinnung wie diese nach vierzig Jahren nicht überzeugen wird.

Um so mehr sind wir gerufen. Nötig ist

1. eine geduldige Information insbesondere über die Werte der jüdischen Tradition, nicht zuletzt für unser Volk, sowie über den inneren Reichtum und die geschichtliche Leistung des polnischen Volkes,

2. eine stets neue Überprüfung der Schulbücher für Schüler und Lehrer im Religionsunterricht, im Geschichtsunterricht, in der Sozialkunde, und dies nicht nur auf falsche Aussagen hin, sondern auch auf Unterlassungen dessen, was der kommenden Generation von ihren Erziehern zuverlässig und umfassend weitergesagt werden muß.

3. eine Wachsamkeit, die keine Regung des Antijudaismus übersieht, auch wenn er sich in die zeitgenössische Form des Antizionismus verkleidet, eine Wachsamkeit aber, die zugleich ohne Nervosität, ohne Angst und ohne Kleinlichkeit reagiert,

4. eine Vertiefung und Vervielfältigung der Begegnung zwischen Deutschen und Israelis, zwischen Deutschen und Polen, aber auch mit den jüdischen Mitbürgern in unserer eigenen Stadt.

Das russische Wort Pogrom heißt Verwüstung. Latente Verwüstung begann vor vierzig Jahren sichtbar zu werden und um sich zu greifen. Eine Verwüstung, die die Herzen des eigenen Volkes und schließlich unser Land verwüstet hat. Gott lasse uns daraus lernen und, soweit das bei etwa sechs Millionen toten Juden möglich ist, wiedergutmachen.

Ziemlich genau 27 Jahre ist es her, daß in Wiesbaden der damalige Bundespräsident Theodor Heuß dem Vorwurf einer Kollektivschuld der Deutschen eine Kollektivscham der Deutschen entgegenstellte. »Das Schlimmste, was Hitler uns angetan hat – und er hat uns viel angetan –, ist doch dies gewesen, daß er uns in die Scham gezwungen hat, mit ihm und seinen Gesellen gemeinsam den Namen Deutsche zu tragen.« Das Wort leuchtete damals unmittelbar ein. Heute bedarf es der Erläuterung und Ergänzung. Denn mehr als die Hälfte der jetzt lebenden Deutschen hat nicht mehr mit Hitler und seinen Gesellen gemeinsam den Namen Deutsche getragen. Und doch geht das scheußliche Verbrechen am jüdischen Volk auch die an, die heute 40 Jahre alt und jünger sind.

Kein Volk wie das jüdische und keines Volkes Schicksal wie das des jüdischen Volkes macht deutlich, daß jeder einzelne, jede Familie und jedes Volk in der Geschichte leben. Wir sind hier oder dort, aber nicht irgendwo; wir sind gestern oder vorgestern, aber nicht irgendwann; wir sind von dieser oder jener Mutter, aber nicht von irgendwem geboren oder gar vom Himmel gefallen. Wir werden in der Mutter-sprache gebildet, die ihrem Wortlaut wie ihrem Geist nach vorgeformt ist von Generationen.

Geschichte ist nicht umkehrbar, Geschichte ist nicht wiederholbar wie ein naturwissenschaftliches Experiment. Und nur in einmaligen Gegebenheiten mich bewährend, kann ich ein freier Mensch sein; eine Flucht in die Ideologie gilt nicht. Ich kann nicht aussteigen aus meiner Familie, meiner Geschichte und meinem Volk.

Wenn ich recht sehe, ist das heute unsre Aufgabe: Um zu verhindern, was lange geschah und in den Jahren zwischen 1938 und 1944 den Höhepunkt erreichte, brauchen wir mehr geschichtliches Wissen und vor allem Geschichtsbewußtsein.

Wer z. B. nie gehört hat, wie die deutschen Stämme und das deutsche Volk dem Christentum begegneten, erfährt auch nichts Entscheidendes über die Juden – und über den Antisemitismus. Aber auch umgekehrt: Wer nichts über die Juden und ihre einmalige Geschichte erfährt, erfährt Entscheidendes nicht über das Christentum. Darum kann er auch Europa nur mangelhaft begreifen. Die Begegnung mit dem Judentum macht kritisch gegenüber abstrakten Ideen und wechselnden Ideologien. In der Bibel begegnet man Gott, der einen unverwechselbaren Namen hat und der den Menschen beim Namen rief, als er ihn schuf.

Auch wir sind im Liebesgebot gehalten, den andern beim Namen zu nennen, »denn er ist wie du«, übersetzt Martin Buber. Ich bin davon überzeugt: Hätte jeder Mörder sein Opfer beim Namen genannt und ihm in die Augen geschaut, ein Massen- und Völkermord wäre nicht möglich gewesen. Das wußten auch die Verbrecher. Sie nivellierten die einzelnen, zogen ihnen Uniformen an, nahmen ihnen den Namen, machten sie zu Nummern und verteufelten sie.

In diesen Tagen gedenken wir besonders Franz Rosenzweigs. Er schrieb in »Der Stern der Erlösung« (1921): »Wahrhaftig, Name ist nicht, wie der Unglaube immer wieder in stolz-verstockter Leere wahrhaben will, ›Schall und Rauch‹, sondern Wort und Feuer! Den Namen gilt es zu nennen und zu bekennen: ich glaube ihn.« So gilt aber auch: Wer den Namen Deutscher trägt, kann nicht auswählen, was er damit ist oder sein will. Er steht, auch nach Hitlers Tod geboren, in der geschichtlichen Verantwortung seines Volkes, wie er auch dessen Sprache denkt und gebraucht. So bleibt uns die Kollektivscham, die sich in einem wachen Geschichtsbewußtsein solidarisch weiß mit den Deutschen und mit den Juden in unsrer einen gemeinsamen Geschichte. Ich zitiere noch einmal Rosenzweig: »Name ist nicht Schall und Rauch, sondern Wort und Feuer. Den Namen gilt es zu nennen und zu bekennen.«

Mit der Krankheit leben

Wer hat mit der Krankheit zu leben? Zunächst der Kranke selber. Eine ernste Krankheit läßt sich nicht abschütteln wie Staub oder ablegen wie ein Kleid, das einem nicht gefällt, um es durch ein anderes, besser sitzendes zu ersetzen. Man muß seine Krankheit annehmen, wie einer auch sein Gesicht zu akzeptieren hat. Gewiß werde ich alles unternehmen und an mir geschehen lassen, was mich von meiner Krankheit befreit, was ihre Auswirkungen und die Schmerzen mildern kann. Aber das ändert an der Tatsache nichts: Diese Krankheit gehört nun zu mir, die längere für längere Zeit, die kürzere für kürzere Zeit und die unheilbare für immer, solange ich lebe. Dies einem andern zu sagen, den man gern hat und dem man helfen, von der Krankheit ab-helfen will, ist nicht leicht – darum werden ja Kranke so oft belogen –, aber noch schwerer und langwierig ist, sich selber zu sagen: Ich sage ja zu dieser meiner Krankheit und nehme sie als einen mehr oder weniger bestimmenden Teil meines Lebens an. Ich sage ja, daß ich nicht gehen oder sehen oder sprechen kann, ich sage ja, daß ich plötzlich oder nach und nach absehbar alles liegen und stehen lassen muß, bis ich, vielleicht, wieder gesund werde, bis ich ganz oder teilweise oder nie mehr gesund werde. Ich sage ja, daß ich auf andere angewiesen, von andern abhängig bin, vielleicht sogar in fast allem, bis in die alltäglichsten und intimsten Bereiche hinein, ich, der so gern lieber alles selbst getan als andere gebeten hat.

In einem tiefen Gespräch meinte einmal ein Kranker: Warum? Warum ich? zu fragen, führe zu nichts. Weiter führe die Frage: Wozu? Wofür kann das gut sein? Was kann ich aus meinem Zustand machen für mich und für andere?

Sehr fromme Leute haben dann ein sehr frommes Wort bereit: Krankheit ist Gnade. Ich weiß es nicht, mahne aber zur Vorsicht. Christen jedenfalls dürfen beten: Vor Not und Krankheit bewahre uns, o Herr. Außerdem habe ich dies fromme Wort bisher von Kranken selbst nie gehört, bis auf eine Ausnahme: Bald nach dem Kriege lernte ich einen jungen polnischen Priester kennen: todkrank, ein Wrack von Mensch, lag er im Krankenhaus. Er war in diesem Zustand aus einem Konzentrationslager befreit worden. Ich schämte mich als Deutscher vor ihm und hätte Bitterkeit und Anklagen aus seinem Mund schweigend entgegengenommen. Aber er klagte und verurteilte nicht. Mit kaum hörbarer Stimme sagte er mühsam, in seinem Leiden und Sterben sehe er eine Gnade Gottes: So könne und wolle er das Seine beitragen für die Versöhnung der Völker und den Frieden unter den Menschen. Hunger, Schläge und Entehrung konnten das Bild des Herrn Jesus Christus, der sich willig in die Hände der Sünder gegeben hat, in ihm nicht trüben oder gar zerstören. Ich kannte den Priester nicht, halte es aber gut für möglich, daß gerade das bittere Leid ihn gereift und so überzeugend in die Nähe des leidenden Herrn und Heilandes gestellt hat. Ähnliches durfte ich öfter bei Menschen erleben, die eine schwere Krankheit niedergeworfen hat: Krankheit ist eine Chance. Dabei spreche ich von Krankheiten, die dem Kranken die Klarheit des Geistes belassen. Ich habe Menschen bewundern gelernt, die an der schweren Krankheit, die sie überfallen hat oder von Geburt an begleitete, gewachsen sind in ihrem Verstehen für fremdes Leid, ihrer Hilfsbereitschaft für Leidensgenossen, ihrem Engagement, in einer oberflächlichen Gesellschaft das Los der Behinderten überhaupt zu erleichtern. Darunter sind nicht wenige, die das Ja zu ihrer Krankheit täglich neu der Versuchung abringen müssen, zu resignieren, zu verzweifeln, ja, das Leben wegzuwerfen, und das sind die innerlichsten, die am tiefsten empfinden.

Wenn Krankheit eine Chance ist, wird damit auch gesagt:

Nicht jeder nimmt die Chance wahr, mancher vertut sie. Schließlich dürfen die Kranken und die Gesunden nicht übersehen, daß Krankheit und Leid, vor allem lange Krankheit und langes Leiden, einen Kranken auch auf sich selbst zurückwerfen, ihn egoistisch machen können, ja, rücksichtslos und undankbar, bitter und ungerecht, selbst gegenüber den Gesunden seiner Umgebung, die ihm aufopfernd dienen. Krankheit kann auch den Menschen in seinen besten Kräften verkümmern lassen.

Damit stehen wir noch einmal vor der Frage: Wer hat mit der Krankheit zu leben? Nicht nur der Kranke, auch der Gesunde, der mit ihm zusammenlebt, der ihn stützt und pflegt. Ich las kürzlich die Verse einer kranken Frau. Unter der Überschrift »Die armen Gesunden« macht sie sich und dem Leser humorvoll klar, was die Männer behinderter Frauen auf sich nehmen. So z. B., daß sie vielleicht jahrelang im Haus selbst zu machen haben, was sonst die Ehefrau abnimmt. Die Männer behinderter Frauen verzichten auf gemeinsamen Ausgang, Reisen und Vergnügen mit ihrer Gattin. Ein Ausflug ist ein strapaziöses Unternehmen, bis die Kranke im Auto, der Rollstuhl verstaut, die Kranke am Ziel wieder ausgestiegen ist. Und dann das Gaffen der Zuschauer an der Straße. Das Gedicht schließt mit dem Vers: »Allen sei Dank, die unser Los helfen lindern, den armen Gesunden, die wir so sehr behindern.«

Ich wünsche und ich hoffe, daß auch behinderte Männer erkennen und anerkennen, worauf ihre Frauen verzichten und was sie Tag und Nacht leisten, weil sie mit ihren kranken Männern leben. Übersehen wir nicht: wie oft muß das eine Frau neben der Sorge für das tägliche Brot und für die heranwachsenden Kinder schaffen. Wieviel Takt, Selbstlosigkeit und Klugheit wird von ihr verlangt, damit der kranke Vater seinen Platz und seine Würde in der Familie behält, die Kinder ihm zugeführt und nicht entfremdet werden. Viel bedeutet es dann, wenn der kranke Mann selber einsichtig und dankbar bleibt und der Versuchung zum Selbstmitleid einerseits und zum Egoismus andererseits widersteht. Wenn vielleicht auch die Frau und Mutter ihre Dienste für selbstverständlich ansieht, der Kranke darf sie nicht so ansehen, er sollte hier und da auch einmal seiner Dankbarkeit Ausdruck geben. Am Traualtar sagt es sich leicht: »In guten und in bösen Tagen, in Gesundheit und in Krankheit, solange ich lebe.« Schwerer sagt es sich am Krankenbett; und ein Kind wird in der frohen Erwartung seiner Geburt fraglos angenommen. Wie aber, wenn es später mit den Zeichen unheilbarer Krankheit behaftet ist? Die Pflegeheime – die bestehenden und die noch fehlenden in unserer Gesellschaft – machen die Grenzen vieler Familien offenbar. Sie bezeugen aber auch – das sei hier dankbar ausgesprochen – den Heroismus fremder Menschen, Pflegerinnen und Pfleger, die als Beruf gewählt haben, mit der Krankheit zu leben, und die sich den Namen »barmherzige Schwester«, »barmherziger Bruder« und »Samariter« stündlich neu verdienen. Und von diesen helfenden Menschen kommen sehr viele aus fremden Ländern. Wird es ihnen gedankt, wenigstens von den Angehörigen, die durch sie von der täglichen Pflege entlastet sind?

Zum dritten Mal stellt sich die Frage: Wer hat mit der Krankheit zu leben? Die Antwort lautet: Nicht nur die Kranken selbst und die, die sie pflegen, die ganze Gesellschaft hat sich darauf einzulassen. Das fällt uns schwer; gehört nicht der Kranke, auch wenn er nicht infektiös oder gemeingefährlich ist, fein säuberlich in ein eigenes Zimmer und ein eigenes Haus, ins Krankenhaus, zu fremden Menschen, die auf ihn hin ausgebildet und angestellt sind? Kein Land stellt soviel Krankenbetten zur Verfügung wie unsere Bundesrepublik, während man die ambulante Krankenpflege (die Pflege im Haus) nur zögernd und unvollkommen fördert. Man stirbt auch nicht mehr zuhause, im Kreis der Angehörigen, wie man auch in der Klinik geboren und als Toter auf einem Friedhof aufgebahrt wird, der nicht neben der Kirche und dem Wirtshaus, sondern weit draußen liegt.

Wer diese »Sonderräume« nicht aufsucht, könnte meinen, unsere Gesellschaft bestünde nur aus Gesunden, und die Werbeindustrie fördert diesen Eindruck mit erheblichem Aufwand an Geld und Fantasie. Mit der Krankheit leben, das heißt für viele bei uns: wir rotten die Kranken nicht aus, das tun wir sicher nicht, im Gegenteil, wir tun viel für sie. Aber leben wir mit ihnen? Kaum: Dafür haben wir unsere Leute; stellen Spezialisten ab. Wir andern alle besuchen unsere Kranken mehr oder weniger regelmäßig in ihrer aseptischen Welt, an unserm eigenen normalen Leben haben sie nicht teil.

Mit diesen provokativen Ausführungen nehme ich nichts zurück von der Anerkennung, die ich vorher den Heimen und dem Pflegepersonal aussprach. Ich will nur verständlich machen, warum wir so häufig die Existenz von Kranken übersehen. Ein Beispiel: Ermessen wir die Ängste, die ein Kind erleidet, das allein in ein Krankenhaus eingeliefert wird, von den Angehörigen getrennt zu fremden Menschen in eine fremde Umgebung, in die vielleicht nicht einmal die Eltern täglich zugelassen werden? Daß es auch anders, menschlich und vielleicht sogar medizinisch wirksamer geht, zeigen Einrichtungen, in denen die Eltern oder wenigstens die Mutter zur Therapie zugezogen und auf die folgende Pflege mit dem Kind zusammen vorbereitet werden. Wir aufgeklärten Menschen konnen von den Müttern der einfachen Völker lernen, die ihr Kind immer bei sich tragen. Vor einiger Zeit sah ich ein rührendes Bild aus einem Entwicklungsland: Die junge Krankenschwester legt sich zu einem kranken Kind ins Bett, bis es beruhigt einschläft. Fragwürdig, sagen Sie vielleicht. Ich füge hinzu: und dennoch bemerkenswert. Kranke brauchen gewiß Medizin und sachkundige Pflege und vieles andere mehr. Sie brauchen aber auch, soweit das sein kann, ihre gewohnte Welt wie der Fisch das Wasser, sie brauchen die Mit-Menschen, zu denen sie gehören.

Noch eines zum Schluß, was Gesunden und Kranken

nottut: Auch nach medizinischen Triumphen eines Jahrhunderts gehören Krankheiten in den Haushalt der Natur. Man muß sich auf sie einstellen und mit ihnen leben wie mit der Sonnenhitze und der Winterkälte. Der Gesunde tut gut daran, sich von früher Jugend an einzustellen auf kranke Mitmenschen wie auf etwas Selbstverständliches. Mag der erste Anblick ein Staunen oder gar Erschrecken sein, der zweite Blick und seine Reaktion sei ein selbstverständliches, kein mitleidiges, sondern ein solidarisches Ja zu dem Kranken und seinen Besonderheiten. Ebenso wichtig aber ist es für den Kranken, daß auch er sich von Anfang an daran gewöhnt und ja sagt, daß er sich von Gesunden unterscheidet. Mag ihn auch die erste Reaktion des Gesunden, z. B. das Gaffen, das Erschrecken oder Mitleidsgefühl, verletzen oder deprimieren: Er muß es von Jugend an lernen, Überempfindlichkeit zu verwinden. Glücklich ist der Kranke, der Humor hat.

Ein gescheiter Mann sagte einmal in einer schweren Krankheit, an der er dann starb: Im Leid, wenn es ernst wird, sind wir doch alle Analphabeten. Er hat recht. Bis zum letzten Augenblick sind wir am Lernen, mit der Krankheit zu leben.

Hessischer Rundfunk
1976

Telefon-Seelsorge

Wir feiern das 25jährige Wirken des Notrufs, der Telefonseelsorge, in Frankfurt. Rufe wollen gehört werden, und eine Telefonseelsorge geht über den Hörer, den Telefonhörer, zum rufenden Menschen. Eine Television-Seelsorge bieten wir nicht an. Hören aber geschieht mit dem Ohr. Unter den Sinnesorganen hat das Ohr hervorragende Bedeutung. Der Glaube kommt vom Hören (Röm 10,17), erklärt Paulus im Römerbrief. Der da spricht, ist Gott, der gehört werden will. »Rede Herr, Dein Diener hört« (1 Kön 3,9), sagte der junge Prophet Samuel auf den Rat des alten Eli. Gott redet zum Menschen. Er ist kein stummer Gott. Eine der schlimmsten Abwertungen der heidnischen Götter heißt: stumme Götzen, Götter, die nicht reden können. Unsichtbar ist Gott, aber nicht stumm. Nicht einmal ein Bild von ihm darf man sich machen, denn er »wohnt in unzugänglichem Licht« (1 Tim 1,6). Mit größter Scheu schildert das Buch Exodus (24), wie Moses und die siebzig Ältesten Gott einmal sehen durften, aber nicht – heißt es ausdrücklich – von Angesicht zu Angesicht (ebenda 33,20 f.). »Denn kein Mensch kann mich sehen und am Leben bleiben... Du wirst meinen Rücken sehen. Mein Angesicht aber kann niemand sehen«, sprach Gott zu Moses auf dem Berge. Das Auge ist also nicht das Sinnesorgan, durch das der Mensch hier auf Erden mit Gott in Kontakt kommt. Versuchungen zu einer Gnosis hat die Kirche widerstanden. Das Schauen gehört in das ewige Leben, das uns nach dieser irdischen Pilgerschaft erwartet. Hier, unterwegs, begegnet uns Gott im Wort.

»Horchsam« soll darum der Mensch sein – gehorsam sagen wir –, wie Jesus Christus gehorsam war bis zum Tod am Kreuz (Phil 2,8). Er tat Gottes Wort und ist selber das Wort (Joh 1). Nur verhüllt im Wort des Fleischgewordenen (Joh 1,14) sehen wir den Vater. »Wer mich gesehen hat, hat den Vater gesehen (Joh 14,9), ... der mich gesandt hat (Joh 12,45), sagte Christus vor seinem Leiden auf die verständliche Bitte der Jünger: Sprich nicht nur, »Herr, zeig' uns den Vater« (Joh 14,8). Wir wollen sehen und nicht nur hören. Es ist uns nicht gegeben! In diesem Pilgerleben zwischen Geburt und Tod beten wir darum auch nicht, daß Gott jetzt sichtbar erscheine, wir beten: Erhöre uns, o Herr! Den Augen sichtbar wird Gott sein zu der Zeit, die er an das Ende der Tage gesetzt hat, da wird er »erscheinen« in Herrlichkeit. Jetzt »lebt der Mensch von jedem Wort, das aus dem Munde Gottes kommt« (Mt 4,4; Dtn 8,3).

Solche theologische Überlegung aus der Mitte der Heiligen Schrift des Alten und des Neuen Testaments gehört an den Anfang einer christlichen Besinnung auf Telefonseelsorge, wenn ich vom kirchlichen Dienst her benenne, bzw. Notruf, wenn ich vom hilfesuchenden Menschen her benenne. Wie »das Leben mehr ist als die Speise« (Mt 6,25) und wie »der Mensch nicht allein vom Brote lebt« (Mt 4,4), so kann auch Lebenshilfe als Angebot der Kirche auf die Dimension Gottes nicht verzichten.

Als sein Abbild und Gleichnis schuf Gott den Menschen: Gott spricht und der Mensch hört, und der Mensch ruft und Gott hört und erhört ihn. Abbild und Gleichnis ist das Gespräch zwischen dem anrufenden Mitmenschen auf der einen Seite des Telefons und dem antwortenden auf der anderen Seite. Beide haben einen Hörer in der Hand, denn Hinhören und Zuhören müssen beide. Beide haben vor sich auch die Sprechmuschel, keiner von beiden ist nur Hörer oder nur Sprecher. Sie stehen im gegenseitigen Gespräch miteinander, im Dialog. Und jeder von ihnen hat ein Ohr frei. Wofür? Um das Wort Gottes zu hören, die höhere, die göttliche Dimension des Menschen, aus der und für die er lebt. Sie bewahrt vor der Taubheit des Herzens, die der

Prophet nennt. Ein feinfühliger Dichter sagte einmal: »Es ist eine große Gnade, zu sehen, was ist...« (Carossa), und ein anderer: »Man sieht nur mit dem Herzen gut« (der Franzose Saint-Exupéry). Kann der Mensch unserer Tage in diesem tieferen Sinn hören? Der Schöpfer hat ihn am Anfang so geschaffen und ihm darum die Ohren des Kopfes und des Herzens gegeben. Der Mensch kann aber taub werden: »Hören und doch nicht hören«, sagt der Prophet (Js 6,9). Darauf zielt das Gebet, das wir soeben gesungen haben: »Herr, öffne Ohren und das Herz, daß wir das Wort recht fassen!«

Darum zu beten, lohnt sich: Herr, mache mich hören! Denn Gott ist es, der die Tauben hören und die Stummen reden macht. In unserer Eucharistiefeier sehe ich darum nicht nur einen festlichen Auftakt zur religiösen Verzierung dieses Tages: Sie ist uns und besonders den Anrufenden und den Antwortenden bitter notwendig. Am allernotwendigsten ist Gottes Nähe und Hilfe aber dann, wenn auf der einen oder anderen Seite der Leitung, oder gar auf beiden Seiten, Schweigen herrscht. Für Gott ist auch das Schweigen der Not und das Schweigen der redlich eingestandenen Hilflosigkeit noch Ruf und Rede, die er zu hören und zu erhören vermag.

Schließlich wird jeder, der redlich zu raten und zu helfen trachtet, sich immer wieder fragen: Rate ich recht? Ist mein Wort und mein Schweigen, meine Teilnahme oder meine Zurückhaltung wirklich Hilfe? Kommt sie an? Fehler in so unmittelbar im Augenblick erwarteter Hilfe, und seien solche Fehler auch nur aus Ermüdung oder Mißverstehen entstanden, sind nicht auszuschließen. Da darf den Tröstenden der Gedanke trösten: »Gott schreibt gerade auch auf krummen Zeilen« (portugiesisches Sprichwort). Ich tu' das Meine nur getreu, den Erfolg gibt Gott, und den möglichen Mißerfolg läßt er nicht zum Äußersten kommen. Wir können nicht mehr sein als Helfer dessen, der die Herzen kennt und wie Wasserbäche zu lenken weiß, ohne daß er Gewalt antut; denn Gott ist der Schöpfer, der den Menschen von innen her kennt und besser als der Mensch sich selber je zu erkennen vermag. Er macht die Tauben hören und die Stummen reden.

Haus der Volksarbeit
1. Oktober 1982

Geistliches über Geld

Was gab mir das Recht, der Einladung zu folgen und als Pfarrer bei der Neueröffnung der Geschäftsstelle einer Sparkasse zu reden? Orientierung bietet mir das Verhalten Jesu zum Geldgeschäft. Zugegeben: Sein barsches Vorgehen gegen die Wechsler im Tempel hat mich nicht ermutigt, noch weniger der Vorwurf Jesu, die Geldwechsler hätten aus seinem Haus eine Räuberhöhle gemacht: harte Worte für Bankangestellte! Positiver werte ich, daß er es ablehnte, in Geldsachen anderer hineinzureden, wie Lukas 12,13–15 berichtet:

»Einer aus der Volksmenge bat Jesus: Meister, sag meinem Bruder, er soll das Erbe mit mir teilen. Er erwiderte ihm: Mensch, wer hat mich zum Richter oder Schlichter bei euch gemacht? Dann sagte er zu den Leuten: Gebt acht, hütet euch vor jeder Art von Habgier. Denn der Sinn des Lebens besteht nicht darin, daß ein Mensch aufgrund seines großen Vermögens im Überfluß lebt.«

Jesus schließt daran ein interessantes Gleichnis, welches das Sammeln von Schätzen behandelt, die Geschichte vom reichen Kornbauern, der in der Nacht nach dem Entschluß, neue Scheunen für seine Rekordernte zu bauen, plötzlich stirbt. »Du Narr«, meint Jesus und schließt: »So geht es jedem, der für sich selbst Schätze sammelt, aber vor Gott nicht reich ist« (ebd. 21).

Dieser Satz eignet sich gewiß nicht zum Werbeslogan für eine Sparkasse. Aber – so meine ich – er ist auch keine Absage an das Sparen. Die Heilige Schrift gebraucht (und das sollte man nicht übersehen) gern Vergleiche aus dem Bereich des Geldwesens der damaligen Zeit, wenn sie von Denaren und Talenten, von Schulden und Zinsen, von Lohn und »Angeld« spricht (2 Kor 1,22), was wir heute wohl besser mit Anzahlung übersetzen und womit niemand geringerer als der Heilige Geist selber gemeint ist (dies ist allerdings nicht die Begründung für die banca di Santo Spiritu, das hat lokale Gründe). Dem Geld soll der Mensch nicht verfallen. Jesus zählt das Geld und das Sparen von Geld zu den Dingen, die der Mensch verantwortungsvoll zu tätigen hat. Er sagte: »Wer in den kleinsten Dingen zuverlässig ist, der ist es auch in den großen... Wenn ihr im Umgang mit dem ungerechten Reichtum nicht zuverlässig gewesen seid, wer wird euch dann das wahre Gut anvertrauen? Und wenn ihr im Umgang mit dem fremden Gut nicht zuverlässig gewesen seid, wer wird euch dann euer Eigentum geben?« (Lk 16,10 ff)

Ich erinnere mich noch an die Inflation nach dem ersten Weltkrieg und an den Zusammenbruch der New Yorker Börse am schwarzen Freitag im Oktober 1929, als auch bei uns die Filialen der Banken und Sparkassen geschlossen wurden. Selbstmorde geschahen, und die Weltwirtschaftskrise förderte den Nationalsozialismus. Armut lehrt bekanntlich nicht nur beten, sondern auch Böses wie fluchen, stehlen, resignieren, zerstören. Weil Geld, ob man es hat oder nicht hat, wie man es hat oder nicht hat, so bedeutsam ist für den Menschen, für seine Würde und für seinen Nächsten, geht es den Pfarrer an. Eine theologische Ausbildung, die nicht auch vom Geld spräche, hielte ich für unzureichend; nur vom Mammon zu reden, wäre zu wenig. Wie könnte Almosengeben lobenswert sein, wenn Geld in sich schlecht wäre? Selbst die Tugend der christlichen Armut lebt davon, daß Geld und Besitz Werte sind, auf die zu verzichten lohnt. Darum bin ich dankbar, daß ich vor nunmehr beinahe fünfzig Jahren an der Hochschule Sankt Georgen in der Offenbacher Landstraße den Jesuitenpater Oswald von Nell-Breuning kennenlernte, er gilt als »Nestor der christlichen Soziallehre«. Daß ich sein Schüler war und bin, ermutigte mich zu einem Wort in dieser Stunde.

Möge der Segen des Schöpfers, nach dessen Ebenbild der Mensch geschaffen ist (Gen 1,26), auch dieser Geschäftsstelle, ihren Mitarbeitern und ihrer Klientel, nie fehlen. Das ist mein herzlicher Wunsch.

1980

Eltern

Beide Eltern sind berufstätig. Sie haben eine Tochter. Gemeinsam gehen sie in ein Spielwarengeschäft, um für ihr einziges Kind etwas zu kaufen. »Es darf schon etwas kosten. Es soll etwas sein, was sie den ganzen Tag über beschäftigt«, sagt der Vater, und die Mutter fügt hinzu: »und das natürlich Freude macht«. Die Verkäuferin denkt nach und gibt prompt die Antwort: »Bedaure sehr, Eltern führen wir nicht in unserm Geschäft.«

Das ist die Geschichte. Klar und deutlich. Es bedarf keiner Erklärung, was sie meint. Im Gegenteil: sie ist so deutlich, daß sie möglicherweise ärgert. Dafür allein, meine ich, wäre sie aber zu schade. Denn diese Geschichte ist eine sehr traurige Geschichte, weil sie leider wahr ist. Wenn ich also noch etwas hinzufüge, dann nur in der Absicht, daß diese Geschichte, die zwickt, zum Heile, zum Guten zwickt.

Niemand wird daran zweifeln, daß es bei uns die Kinder heute in vieler Hinsicht besser haben als die Kinder vor Jahrhunderten. Lesen und Schreiben lernt jedes Kind. Geistig Behinderte werden im Maß ihrer Begabung praktisch gebildet und in bewahrenden Werkstätten sinnvoll weiter gefördert. Keine Generation hat die Kindesseele so eingehend und einfühlend studiert und so kluge Ratschläge für die Erziehung vor allem des Kleinkindes erarbeitet wie die unsere. Ein immer dichteres Netz von Beratungsdiensten für Kinder und Jugendliche und deren Eltern überzieht das Land, die jedem zugänglich sind. Es gibt Kindergeld, und das Kinderspielzeug für alle ist heute reichhaltiger als die Puppen der kleinen Prinzessin früher. Und das Ergebnis? Auf einen Nenner gebracht hat es die Verkäuferin im Spielwarengeschäft: »Eltern führen wir nicht« – in all den verdienstvollen und aufwendigen Unternehmungen der öffentlichen Hand und der freigemeinnützigen Institutionen unserer Gesellschaft. »Eltern führen wir nicht.« Diese aber brauchen zuerst und unersetzbar die Kinder auch unserer Generation. Alles andere ist und bleibt Zutat.

Erwarten Sie jetzt keine Kritik oder Anklage der Väter oder der Mütter. Sie haben es nicht leicht, Vater und Mutter zu sein, wie das Kind es braucht. Erwarten Sie auch keine Kritik oder Anklage unserer Gesellschaft, daß sie etwa kinderfeindlich sei. Ich bitte nur um eines: Unzählige Kinder richten heute ihr Auge auf Mütter und Väter. Wenn Sie Vater oder Mutter sind – haben Sie Zeit für Ihr Kind! Ein Spielpartner ist mehr als ein noch so teures Spielzeug. Aber auch dieses wird heute bleiben: Viele Kinder haben keine Eltern, die sich ihnen zuwenden. Ein Spielwarengeschäft und eine Beratungsstelle führen keine Eltern. Dennoch können gütige Herzen versuchen, für vernachlässigte Kinder Vater und Mutter zu sein. Wohlwollen, Selbstlosigkeit und tätige Liebe sind mehr als ein Spielzeug.

Hessischer Rundfunk 1977

Hubertusmesse für behinderte Kinder

Die Veranstalter haben sich bei dieser Hubertusmesse im Frankfurter Dom etwas besonderes einfallen lassen. Sie merken es schon daran, daß hier vorn eine Reihe Rollstühle stehen und in ihnen Kinder, die kaum auf schnellen Pferden hinter flinken Hirschen jagen können, aber diese Kinder haben im heutigen Gottesdienst die Ehrenplätze inne. Und nicht nur das: Die Kollekte dieses Gottesdienstes wird für gelähmte Kinder erbeten, zu dieser Kollekte sei hiermit aufgerufen. Als ich von dieser Idee zum erstenmal hörte, war ich angetan. Sie hat mich ermutigt, den Dom für diese Feier zur Verfügung zu stellen.

Jagen und Schießen und Reiten – das ist Sport. Dazu muß man gesund sein, gewandt und tüchtig, trainiert. Ein Jäger und Schütze kennt aus dem Erleben die Freude des Treffers, den Lohn für körperliche Strapazen in der freien, vielleicht sogar wilden Natur, kennt den Stolz auf eine Leistung, die zum Sieg, zur Beute führte. Im kräftigen Jägerlatein macht er sich Luft und lauert auf Bewunderung, und das Schmettern der Jagdhörner bietet die Klangkulisse.

Es verdient Anerkennung, daß unsere Jäger und der Lionsclub an solche denken, die nicht so mittun können. Vielleicht kommt dieses Denken aus der Dankbarkeit dafür, daß ich gesund sein darf in dem einen Leben, das ich habe; daß ich es mir leisten kann, ein Jäger zu sein, denn in unserer heutigen Industriegesellschaft gehört die Jagd nicht mehr zum Lebensnotwendigen, sondern zum Wohlstand. Die diese Hubertusmesse feiern, wollen also den Kindern Anteil an ihrer Freude geben, und die Kinder belohnen uns mit ihren frohen Augen.

Mehr noch: Sie wollen für diese jungen Menschen, die

vieles entbehren, etwas Gutes tun, Hilfe leisten, ein spürbares Opfer bringen. Warum sollen wir nicht ganz offen von Geld reden in dieser Stunde, an dieser Stätte?! 10,– Deutsche Mark nannte mir Ihr Sprecher als Richtsatz für die Kollekte.

10,– Deutsche Mark, das sind etwa 10 l Benzin. Ob einer einen VW oder einen Mercedes fährt, 10 l Benzin im Monat mehr oder weniger sind keine große Sache.

10,– Deutsche Mark, das ist eine gute Flasche Wein mit Prädikat – es gibt auch guten Wein für weniger und besseren Wein für mehr als 10,– Deutsche Mark die Flasche.

Was 10,– Deutsche Mark für die Jagd sind, weiß ich nicht aus eigener Erfahrung, ich ließ es mir zuverlässig erklären.

10,– Deutsche Mark, das sollen gerade 20 Patronen Schrot oder 6–7 Kugelpatronen kosten, und besser als ich wissen Sie, wieviel man braucht, um das Häschen zu treffen oder schließlich einen Bock zu schießen.

10,– Deutsche Mark, das ist nur eine Richtschnur. Wer sie wirklich nicht zahlen kann, darf an das Scherflein der armen Witwe im Evangelium denken, und wer mehr leisten kann und größere Freude für sich und die Kinder gewinnen will, der wird gern mehr in den Jägerhut tun. Der Lohn ist ihnen gewiß: in den Augen der Kinder und in den Augen Gottes! Diese Kapitalanlage lohnt!

Lassen Sie es mich zum Schluß im Bild des heiligen Hubertus sagen: Vor Ihren Augen, rechts oben neben dem Altar hängt das großartige Geweih eines kapitalen Hirsches. Das taten die, die den alten Dom mit Liebe für diese Feier geschmückt haben. Ihre Aufgabe, liebe Gemeinde, Brüder und Schwestern, Freunde und Teilnehmer dieses Gottesdienstes, Ihre Aufgabe ist es, das leuchtende Kreuz der Liebe und der Solidarität in dieses Geweih hineinzustellen. Ihr Opfer macht aus einer folkloristischen Feier eine Hubertusmesse, das heißt: einen wahren Dienst für Gott und den Nächsten. Herzlich vergelt' es Ihnen Gott!

14. Oktober 1978

Heilmittel gegen den Pessimismus

Was Ihnen diese Überschrift »Heilmittel gegen den Pessimismus« sagt, wird bei den einzelnen meiner Hörer verschieden sein. »Lassen Sie mal hören«, meint wohl der eine. »Gegen den Pessimismus muß man sich konsequent zur Wehr setzen. Man kann nicht genug tun dagegen.« Ein anderer mag sagen: »Heilmittel – Gibt es gegen den Pessimismus Heilmittel? Was angeboten werden kann, sind doch alles nur Mittelchen, Mätzchen, Betrug, den man bald durchschaut und der die Sache nur schlimmer macht. Bestenfalls Selbstbetrug, der nicht lange hält. Da bin ich skeptisch aus Erfahrung.«

Damit stehen wir mitten in der Problematik, meine lieben Hörerinnen und Hörer. Der so spricht wie der zweite, ist wahrscheinlich ein Pessimist und der erste ein Optimist. Es ist wie in der Kirche: In den Gottesdienst gehen meistens die, die schon alles wissen und oft sogar besser wissen, die aber, die es nötig hätten, kommen nicht. Heilmittel gegen den Pessimismus erwartet der Optimist mit mehr Vertrauen als der Pessimist, der sie doch am meisten brauchte und dem sie doch angeboten werden.

Trotzdem will ich mit diesem Beitrag möglichst alle Hörer ansprechen, ob sie mehr Pessimisten oder ob sie mehr Optimisten sind. Denn das ist das Gute an der Wirklichkeit: Ich habe noch keinen Menschen kennengelernt, der nur und einfachhin Pessimist oder der nur und einfachhin Optimist wäre. Auch wer sagt und singt, er sehe die Welt nur himmelblau, erlebt eines Tages, daß er rot sieht oder in dunklen Wolken steht. Und wer die Welt nur grau in grau sieht oder wer gar schwarz sieht, tut immer wieder Lichtblicke oder entdeckt gar eines Tages seine optimistische Ader. Frau

Görres-Coudenhove sprach vom »karierten Christen«, der also weder weiß noch schwarz sei, sondern eben kariert, so und so, und zwar meistens kleinkariert. Das gilt nicht nur vom Christen, das gilt ähnlich auch vom Menschen überhaupt. Mit diesem Beitrag will ich dem Pessimisten in Ihnen Freude und Mut machen und dem Optimisten ein besseres Verständnis wecken für den Pessimisten, mit dem Sie zusammenleben in Ihrem eigenen Innern wie in der Nachbarschaft. Heilmittel gegen den Pessimismus: Ist also der Pessimismus eine Krankheit, ein Übel? Und bedeutet dementsprechend der Optimismus Gesundheit und Wohlbefinden, der darum kein Heilmittel braucht? Warum aber spricht man von sonnigem Optimismus und meint damit oft genug sträflichen Leichtsinn? Wer nirgendwo eine Gefahr sieht, wer nie damit rechnet, daß etwas schlecht ausgehen könnte, wer auf dieser Welt alles in bester Ordnung und nirgendwo einen Bruch und die Spuren des Todes und des Bösen, Krankheit, Ungerechtigkeit und Elend findet, den mag man einen Optimisten nennen, aber ist sein Blick gesund? Bedarf nicht auch er heilender Mittel, damit seine Augen sehen, was ist? Und auf der anderen Seite ist zu fragen: Stellt unsere Welt die beste aller Welten dar? Wir Christen jedenfalls wissen darum, daß »des Menschen Herz böse ist von Jugend auf« (Gen 8,21), daß es auf dieser Erde Leid und Tod, Sünde und Verbrechen gibt. Das Kreuz des Christengottes zeigt uns, was unter Menschen an Schlechtigkeit und Versagen möglich ist. Beide Sichten sind unzureichend und, wenn sie absolut gesetzt werden, falsch. Denn die Welt und in ihr die Menschen sind weder pessimi, d. h. absolut schlecht, noch sind sie optimi, optimal, d. h. absolut gut. Und beide sind in Gefahr, krank zu werden: der Optimist und der Pessimist, wenn er nur das Schwarze oder nur das Weiße gelten lassen will. Es wäre reizvoll, auch einmal über Heilmittel gegen den Optimismus nachzudenken, der viel Schaden und Verwirrung stiftet. Heute jedoch beschränken wir uns auf den Pessimismus, sofern er Krankheit und Leid bedeutet, sogar

Zerstörung anrichtet, und auf mögliche Mittel, ihn zu heilen.

Lassen Sie mich noch deutlicher sagen: Wenn Sie, ohne daß Sie gefragt worden sind oder viel dazu getan haben, ein Pessimist sind, so bedeutet das vielleicht weniger Freude für Sie. Sie werden vielleicht von Ängsten bedrängt, trauen sich weniger zu als mancher andere, der auch nicht mehr ist und kann als Sie. Sie nehmen alles sehr ernst und schwer und können sowenig vergessen. Sie haben tausend Fragen an die andern und die größte Zurückhaltung, mit andern Freundschaft zu schließen. Sie denken immer an Ihre Krankheit, obwohl Sie genau wissen, daß dies gar nichts hilft, und starren auf ein bitteres Ende. Und wenn es dann wider Erwarten doch besser ausgeht als befürchtet, haben Sie kaum den Mut, sich dankbar darüber zu freuen. Vielleicht werden Sie sogar von Depressionen bedrängt, und die Verzweiflung droht. Das wäre schlimm, eine schwere Last. Aber noch schlimmer wäre es, wenn der so Geplagte darauf mit Neid reagierte auf Menschen, die er für glücklicher hält. Das erste Heilmittel gegen Schwermut und Pessimismus schmeckt nicht süß, aber es muß sein. Es heißt: Ja sagen zu sich selbst und seiner Art, wie man ist und wurde. Man kann auch sagen: Die Annahme seiner selbst ist die Grundlage für alles Weitere. Etwas anderes sein zu wollen, als man ist, wäre Illusion, ein Selbstbetrug, bald durchschautes Spiel, Sackgasse. Und der Gläubige darf hinzufügen: Selbst Gottes Hilfe setzt an bei dem, was ich nun einmal wirklich bin, und er weiß, warum und wozu das so ist. Ich kenne schwermütige Menschen, die gewiß nicht glücklich sind mit ihrer Art, die sich an einem sonnigen Optimisten freuen, aber mit ihm tauschen möchten sie nicht, sie empfinden sich mit ihrer belastenden Erfahrung wissender, der Wirklichkeit näher, reicher und tiefer.

Die Annahme meiner selbst ist die Grundlage, ist nicht das letzte und nicht das einzige Heilmittel. Sie bedeutet keineswegs, zu resignieren, sich dem Pessimismus zu überlassen oder gar die Hoffnung aufzugeben, sie ist vielmehr die Voraussetzung, das Übel anzugehen.

Was läßt sich gegen den Pessimismus, die Traurigkeit, die Melancholie, die Schwermut – wie immer man sie nennt und empfindet – unternehmen? Die Frage ist so alt wie die Menschheit. Vor 700 Jahren hat der große Thomas von Aquino, gestützt auf die Erfahrungen von Jahrhunderten vor ihm, in fünf Artikeln seines theologischen Hauptwerkes, der Summa, folgende fünf »Heilmittel gegen die Traurigkeit« aufgezählt: »Das erste, ganz allgemeine Heilmittel«, das Thomas nennt, heißt: »jegliche Erfreuung«, denn die Traurigkeit sei eine Ermüdung der Seele, die Lust aber wie ein Ausruhen. Zweites Heilmittel: Tränen! Drittes Heilmittel: das Mit-Leiden der Freunde. Viertens: die Betrachtung der Wahrheit, sie lindere den Schmerz um so mehr, je vollkommener der Mensch die Weisheit liebe. Angesichts des fünften Heilmittels, das Thomas nennt, müssen wir uns daran erinnern, daß wir ein Lehrbuch der Theologie, und wahrhaftig nicht irgendeines, vor uns haben. Das fünfte Heilmittel wider die Traurigkeit also ist: Schlafen und Baden; denn Schlafen und Baden bringe den Leib in die geschuldete Verfassung des Wohlseins, die wiederum auf die Seele zurückwirkt! Thomas weiß natürlich sehr gut Bescheid um die Möglichkeiten und die Notwendigkeiten der übernatürlichen Überwindung des menschlichen Leides (wir werden davon noch sprechen), aber Thomas denkt nicht daran, die natürlich-sinnlichen Möglichkeiten außer acht zu lassen – zum Beispiel: Schlafen und Baden. (Josef Pieper »Über das christliche Menschenbild«, Köln, o. J., S. 55 f.)

Schlaflosigkeit ist eine der großen Plagen unserer Zeit. Mancher aber könnte sehr wohl Ruhe und Schlaf finden. Was er aber nicht findet, ist das Bett zur rechten Zeit, und dann wundert er sich, daß die trübe Stimmung wächst und sein Leben vergiftet. Matthias Claudius hat in seinem Abendlied die heilende Kraft des Schlafes gedeutet »als eine stille Kammer, wo ihr des Tages Jammer verschlafen und vergessen sollt«. Verschlafen und vergessen, Abstand gewinnen, Abtun von sich des Tages Jammer, Last und Ärger, neu anfangen, unbelastet vom Gestern. Glücklich in aller Mühsal, bei dem dieses Mittel anschlägt. Mit ein wenig mehr Disziplin könnten mehr es erfolgreich anwenden.

Ein Mittel freilich empfiehlt der alte Theologe nicht, obwohl Wilhelm Busch reimt: »Es ist ein Brauch von alters her / Wer Sorgen hat, hat auch Likör.« Der Trost aus der Flasche – auch bei Wilhelm Busch geht er für Helene schlecht aus, wir erinnern uns. Dennoch greifen viele zur Pulle, in steigendem Maß auch junge Menschen und Frauen. Der gesteigerte Alkoholkonsum ist ein Symptom vor allem für den wachsenden Streß und die zunehmende innere Unbefriedigtheit der Menschen: unter Überlastung lebt es sich – scheinbar – leichter mit Alkohol oder gar Drogen.

Thomas von Aquino darf sich bestätigt sehen: fehlt es an Freude, an »jeglicher Erfreuung«, wie er sagt, so sucht man Ersatz. Dabei hatte doch Gott den Wein geschaffen, »der des Menschen Herz erfreue«, wie der Psalmist (104,15) dankbar erwähnt – freilich in menschlichen Maßen genossen und nicht als Fluchtweg aus der Wirklichkeit und zur Zerstörung der Gesundheit.

Haben Sie vorhin gehört: als Heilmittel gegen die Traurigkeit nennt Thomas nicht zuletzt die Tränen. Mancher meiner Hörer wird es bei sich oder bei andern erlebt haben, wie eine Starre sich lösen kann, wenn die Trauer sich in Tränen verströmen darf. In vergangenen Jahrhunderten durfte, ja mußte der Trauernde in aller Öffentlichkeit Tränen vergießen. Wir modernen Menschen suchen für das befreiende Weinen-können und Weinen-dürfen die Möglichkeit, uns zurückziehen zu dürfen aus dem Gewohnten oder gar in die Einsamkeit. Ein Kranker im Rollstuhl erzählte mir einmal, wie schwer ihn selbst kleinste Zusammenstöße in der Familie belasten. Während aber seine Tochter z. B. nach einem solchen Zusammenstoß das Zimmer verläßt und schon nach geraumer Zeit alles abreagiert und vergessen hat, sitzt der gehbehinderte Vater noch immer in der Szene des Zerwürfnisses und quält sich mit der Geschichte herum. Ein zeitgefordertes Heilmittel gegen den schleichenden Pessimismus und Mißmut ist der Tapetenwechsel, am besten zusammen mit Menschen, die ebenfalls einen solchen Tapetenwechsel zu genießen wissen. In diesem Zusammenhang ist es erfreulich, daß heute mehr Menschen reisen können, gerade auch ältere und kranke Menschen, die meistens viel Leid in bedrückender Enge mit sich herumtragen.

Hilfreicher noch als Tränen werden andere die Möglichkeit empfinden, gelegentlich laut und, wie ihnen der Schnabel gewachsen ist, ihren Ärger, ihren Schmerz, ihre Enttäuschung und ihre Wut hinausschreien zu dürfen, selbst in Ausdrücken, die, aus dem Fäkalbereich kommend, seit dem Krieg in die deutsche Bühnensprache eingegangen sind. Ein gebildeter Mann erzählte mir glaubhaft, wie ihn ein solcher Ausbruch, mit höchster Kraftanstrengung in einen leeren Schrank gebrüllt, innerlich befreit und beglückt habe. Auch sei er sicher, daß ihn diese Methode, gelegentlich angewandt, bisher vor Magengeschwüren bewahrt habe.

Nicht vergessen sei die Musik als heilende Kraft, wenn das vielleicht auch den absoluten Musiker befremdet. Es gibt inzwischen eine Untersuchung, daß vielen Menschen das Hören von Musik, die sie als schön klingend empfinden, auflockert und seelische Ausgeglichenheit schenkt. Vielleicht hängt das mit dem zusammen, was der Denker Thomas von Aquino unter der Betrachtung der Wahrheit und der Liebe zur Weisheit versteht, wird doch sehr treffend das Schöne als »Glanz der Wahrheit« begriffen.

Ein Heilmittel habe ich noch nicht genannt: das Gebet. Ich nenne es nicht der guten Übung oder der Vollständigkeit wegen. Wer über Pessimismus und Schwermut spricht, spricht von der Hoffnung oder richtiger von der Bedrohung der Hoffnung. Ein unvollendetes Buch aus der Feder des Thomas von Aquino behandelt in der Mitte die christliche Hoffnung, und der darauffolgende zweite Teil sollte eine

Erklärung des Vaterunser sein, des Gebetes also, das uns der Herr mit auf den Weg gegeben hat. Ich kann das Vaterunser immer wieder beten und betend betrachten und bin noch nicht an ein Ende gekommen. Der Pessimist und Bedrückte, auf den Boden starrend, erhebt darin sein Gesicht. Das tägliche Brot und die Schuld und das Böse stehen darin, das ihn niederdrückt, aber er kann alles in die Hände des Vaters legen, der seinen eigenen Sohn in diese Pessimismus und Trauer zeugende Welt voll Leid und Bosheit gegeben hat: Vater, in deine Hände befehle ich meinen Geist. Dankbar muß sein, wer so Beten als Heilmittel erfahren kann.

Hessischer Rundfunk
1977

B-Ebene an der Hauptwache

In der B-Ebene der Frankfurter Hauptwache haben es viele Leute sehr eilig. Besonders ein junger Mann drängte massiv durch die Drängenden. Einen Herrn mittleren Alters schob er zur Seite mit der Bemerkung: »Opa, Tempo, Tempo! Mach Platz, Opa!« Bevor sich aufstauende Wut entladen konnte, sagte der Herr: »Hast schon recht, Baby« – blieb stehen und ließ den stürmisch Drängenden lächelnd vorbei. Jemand will gesehen haben, daß der junge Mann einen roten Kopf bekommen und sich schleunigst davongemacht habe. Wie auch immer: Für einige Sekunden lag ein Schmunzeln auf gehetzten Gesichtern, und das Leben schien nur noch halb so gejagt.

Was war geschehen? Eine Kette war unterbrochen, einer gefährlichen Steigerung die Spitze abgebrochen worden. Sanft senkte sich eine Rakete auf den weichen Boden, ohne zu explodieren. Gelassenheit und Humor haben sie entschärft. Was die Wut anfachen sollte, lockte ein Lächeln hervor. 1:0 für den Opa, stellte einer fest.

In diesen Tagen bekam ich einen Katalog in die Hand, der die Charakterzüge des reifen Menschen zusammenfaßt. Genannt werden da u. a. »gute Erfassung der Wirklichkeit und richtige Anpassung an sie, Annahme seiner selbst und anderer, wie jeder wirklich ist, Gelassenheit, Sinn für Humor und das Wissen um das stetige Unfertigsein des Menschen«.

Der genannte Opa, der vielleicht noch keiner war, scheint danach Reife in bemerkenswertem Grade zu besitzen. Die grausame Wirklichkeit des gejagten Höhlendaseins in der B-Ebene der Frankfurter Hauptwache erfaßt er: nicht nur passiv als Grund zum Sich-Ärgern, sondern überlegen als Mitgestalter. Gelassenheit war lange Jahre verpönt. Wer will denn schon mit Adalbert Stifter in einem Atemzug genannt werden? Schimpfen und andere Wörter mit SCH waren im Schwange, schreien mußte man, und das laut in Chören, sonst galt man als Leisetreter und Verräter an den heiligsten Gütern. Humor vollends war erstarrt zum Zynismus. Und wer den Menschen für stets unfertig hielt und ihn nicht zur Vollkommenheit zwingen wollte, machte sich verdächtig. Was anders konnte sein Verstehen verraten als die Absicht, ihn auszubeuten? Der Erfolg war jene schreckliche Hektik voll Mißtrauen, in der einer den andern und sich selbst in Entfremdung treibt. Eine andere Art ist für ihn höchstens noch langweilig, ein Opa. Dabei merkt er nicht, wie infantil er selbst beim Baby steckenbleibt.

Freilich, es kann auch umgekehrt sein. Denn auch das gibt es Gott sei Dank immer noch und immer wieder: Kinder und Narren sagen die Wahrheit, wenn wir Ältere uns zu wichtig nehmen oder meinen, die Kleineren für dumm halten zu können. Wie passierte es doch letzthin? Der kleine Theo fragte seinen Vater: »Unser Opa war schon so lange nicht mehr bei uns, und auch ich war schon so lange nicht mehr bei ihm zuhause.« »Ja«, sagte der Vater, »weißt Du, Opa ist älter geworden, und da ist er jetzt in ein großes Haus gezogen, wo lauter Opas und Omas wohnen. Ein sehr schönes Haus, und er kann glücklich sein, daß er dort wohnen kann. Man muß sich sehr früh anmelden, wenn man hineinkommen will.« »Papa«, sagte da Theo, »hast Du Dich auch schon angemeldet in dem Haus? Mutti hat neulich gesagt: Papa wird älter.« 1:0 für Baby. Ein Glück ist es dann, wenn die Älteren einen roten Kopf bekommen. Gelassenheit und Humor stehen uns gut an.

Hessischer Rundfunk 1978

Führung und Geleit

So lautet der Titel eines Buches von Hans Carossa (1878–1956). Er gehörte zu den Dichter-Ärzten, die zwischen den beiden Weltkriegen vielen jungen Menschen »Führung und Geleit« gaben und waren. Unter dieser Überschrift stehen im folgenden Menschen, die mein Leben begleitet haben oder mir Vorbild geworden sind, sei es überhaupt, sei es für einzelne Lebensbereiche, und zu deren Gedenken ich sprechen durfte. Was ich da sagte, war nicht Geschichtswissenschaft, es gab Zeugnis, eine Deutung des Erlebten. Die Gestalten sind sowohl Zeitgenossen als auch solche, denen ich nur literarisch begegnete und von daher danke.

Zu den letztgenannten gehören Heilige im Verständis der katholischen Kirche. Schon der Apostel Paulus sagte seinen Gemeinden an mehreren Stellen seiner Briefe: »Nehmt mich zum Vorbild, wie ich Christus zum Vorbild nehme: (1 Kor 1,1. Vgl. auch ebd. 4,16; Phil 3,17; 2 Thess 3,7.9). Wenn auch nur einer letztlich Vorbild, Mittler und Ziel sein kann, Jesus Christus der Herr, so haben wir auch zu danken für »eine Wolke von Zeugen« (Hebr 12,1) des Glaubens an diesen Einen. Die Genannten stehen für viele Ungenannte.

PRÄLAT ALOIS ECKERT

Schon als Schüler schaute ich voll Respekt zu dem aufgeschlossenen und eigenwilligen Pfarrer von St. Bernardus auf. Als ich Student war, faszinierte und stärkte uns die Klarheit und der Mut, mit denen er dem Nationalsozialismus gegenübertrat. Später war er uns das Vorbild eines zeitgemäßen Seelsorgers und – ohne Diplom – ein kompetenter Pastoraltheologe. In den letzten sieben Jahren schließlich durfte ich zunächst neben und dann nach ihm arbeiten, bis zuletzt seinen Rat einholen und noch am Sterbebett seinen Segen für die Menschen der Stadt, die er liebte, erbitten und empfangen.

Den Pfarrer, insgesamt 40 Jahre an St. Bernardus und am

Dom, den Stadtpfarrer und Bischöflichen Kommissar von Frankfurt, den nichtresidierenden Domkapitular mit dem Recht, den Bischof wählen zu dürfen, den Prälaten und Apostolischen Protonotar Alois Eckert hat der Tod in die Vergangenheit verwiesen wie den Subregens, den Kaplan und den Regens Alois Eckert sowie die zahlreichen Aufträge in kirchlichen Verbänden und städtischen Ausschüssen. Was bleibt, ist, wie ein Mensch den Stoff des täglichen Dienstes im Werke der Liebe verwandelt hat. »Die Liebe höret nimmer auf« (1 Kor 13,8).

Das zu beurteilen, hat Gott sich vorbehalten. Das kritische Ohr des verstorbenen Prälaten Eckert neben mir, will ich dennoch versuchen aufzuzeigen, wie der Verstorbene in den Herzen vieler, die ihn kennenlernten, lebt – in der Hoffnung, daß er so ähnlich auch in Gottes Herzen lebt, der ihn noch mehr geliebt hat. Er wird ihm darum auch verzeihen, was er in seinem Leben schuldig blieb.

Wenn wir uns nicht täuschen, war Alois Eckert der Glaube stete Gewißheit, sicheres Fundament und in sich kein Problem. Ihn beschäftigte ausschließlich die Frage des Weges, auf dem der Glaube zu den Menschen gelangen könne. Sein Glaube war christlich, d. h. die Mitte war der Herr Jesus Christus, dem es nachzufolgen, und seine Botschaft, die es den jeweiligen Menschen in der jeweiligen Zeit und sozialen Situation auszurichten galt. Sein Glaube war kirchlich-katholisch, d. h. Teilhabe am Glauben der katholischen Kirche. In ihr wollte er zuvor selber ein kindlich gehorsam und dankbar Glaubender sein, um so ein vertrauenswerter Zeuge sein zu können. Bezeichnend ist der Leitspruch, den er über seine Abschiedspredigt hier im Dom gesetzt hat: »Ich danke dem, der mir Stärke verlieh, unserem Herrn Jesus Christus, daß er mich vertrauenswert erachtet hat und mit dem heiligen Dienst betraute« (1 Tim 1,12). Der Glaube erschien ihm kostbar wie die Perle oder der Schatz im Acker, darum durfte er von ihm Leid fordern, Askese, Disziplin, Entsagung. Er wußte: Der Knecht steht nicht über dem Herrn und der Jünger nicht über dem Meister, den sie verspottet und gekreuzigt haben, der aber auferstand von den Toten und auch uns über den Tod hinaus das Leben garantiert.

In seinem Glauben wurzelte eine gesunde, dem Neuen geöffnete Theologie und vor allem eine Frömmigkeit, die ebenso zurückhaltend wie tief, die männlich nüchtern und theologisch reflektiert war. Der Glaube bedeutete ihm keine Last, er trug ihn, und er gab ihm zum guten Teil den Mut und die fröhliche Gelassenheit, die sein Wesen prägten.

Alois Eckert machte deutlich, daß auf dem Fundament des Glaubens sich die Freiheit entfalten kann. Er war frei von Illusionen und Ideologien. Sein Kopf war nicht nur kritisch, sondern auch selbstkritisch, wie eigentlich jeder seiner Artikel beweist, angefangen mit dem grundlegenden des 38jährigen über Großstadtseelsorge im Jahrbuch der Frankfurter Katholiken 1928, über das wegweisende Referat auf der Diözesan-Synode 1961 bis zum Vortrag vor den Priestern im Jahre 1964, der die Grundlage für ein »Frankfurter Domstift« legte.

Alois Eckert war frei sowohl von Depressionen wie von Euphorien, mit denen man sich selbst froh redet oder beruhigt. Bei einem Dankwort nach einer Lobrede zu einem Jubiläum sagte er einmal, schon als kleiner Junge habe er mehr Freude am Abziehen gehabt als am Dazuzählen. In der Tat subtrahierte und reduzierte er bestürzende und erhebende Ereignisse auf ihren Gehalt an Wirklichkeit, und diese ruhte in Gott und hatte damit stets die Chance der Hoffnung. In keiner noch so schwierigen Situation der Hitlerjahre, des Krieges und der Autoritätskrise nach dem Konzil sah man ihn niedergeschlagen, in keiner aber auch naiv begeistert, sondern stets wach, kritisch, voll gelassener Zuversicht.

Alois Eckert war frei von Furcht. Wie Kardinal von Galen hätte auch er den Wahlspruch wählen können: »Nec laudibus, nec timore.« Weder Lob noch Furcht konnten ihn veranlassen, etwas nicht zu tun, was ihm als Gebot des Gewissens erschien, auch wenn er alleinstand. So mußte er sich gefallen lassen, daß man ihn der klerikalen Herrschsucht zieh, weil er öffentlich für Anstand und Sitte eintrat, mußte aber auch erleben, daß man ihn einen Linkskatholiken nannte, was als Schimpfwort galt, ja, daß ein Bischof – Jahre vor dem Konzil – an seiner Rechtgläubigkeit glaubte zweifeln zu müssen, bezeichnenderweise veranlaßt durch einen Artikel über die ursprüngliche Würde der Getauften und die Mündigkeit der Laien. Stadtbekannt wurde seine Freiheit von Furcht, als er seiner Überzeugung gemäß am Gedenktag des Hitlerputsches seine Kirche am 9. November 1936 nicht beflaggen ließ und dafür vor Gericht und ins Gefängnis ging.

Alois Eckert war frei in dem klassischen Sinn, daß er zu tun vermochte, was er sollte. Ein solcher Mann ließ sich nicht einer Gruppierung vorspannen, auch wenn sie im Namen von Tradition, Papst und Kirche ins Horn stieß. So offen und unbefangen er sich den Fragen der Zeit stellte, so wenig freilich liebte er es auch, sich mit dem Zweifel interessant zu machen.

In aller Erinnerung lebt schließlich der Erweis seiner Freiheit von dem Ehrgeiz, alles allein tun zu müssen. Oft wies er nach Kardinal Newman darauf hin, daß Gott sich zahlreiche Menschen seiner eigenen Seelsorge vorbehalten habe, der wir sie vertrauensvoll anempfehlen dürften. Vorbildlich bleibt sein Entschluß vor gut vier Jahren, im Besitz seiner körperlichen und geistigen Kräfte freiwillig in den Ruhestand zu treten.

Das bezaubernde Zeichen seiner Freiheit erschien mir aber stets der geistvolle und hintergründige, nie verletzende, aber stets treffende Humor, in dem er über das Unzulängliche, das eigene Leben nicht ausgenommen, lachen und lachen machen konnte – selbst noch auf dem Sterbebett im Elend des Kräftezerfalls und im Angesicht des Todes.

Den ganzen Alois Eckert gibt uns aber erst die dritte Komponente: der gläubige und freie Mensch war ein *Mann der Menschenfreundlichkeit.* Er hatte eine Begabung für Freundschaft mit Menschen, die von ihm und voneinander nach Temperament, Alter und Beruf recht verschieden waren. Der Großstadtpfarrer erkannte früh, daß die Mütter mit heranwachsenden Kindern in der Großstadt besonderer Sorge und Hilfe bedürfen. Organisch fügten sich die Erzieher an, die Religionslehrer im besonderen. Man muß gesehen haben, wie Alois Eckert unter Kindern stand und mit ihnen sprach.

Schließlich galt sein Interesse den Frauen und Männern des öffentlichen Lebens. Der junge Pfarrer schrieb 1928: »Die politische Verknüpfung des Katholizismus mit der sozialen Reaktion und der kapitalistischen Wirtschaft ist geradezu die chinesische Mauer für die katholische Seelsorge.« Das waren Gedanken des sozial-katholischen Kreises um die Rhein-Mainische Volkszeitung, zu dem Männer wie Friedrich Dessauer, Ernst Michel, Josef Knecht, Heinrich Scharp, Walter Dirks und Robert Grosche gehörten. Diesem Kreis fühlte sich Alois Eckert verwandt und verbunden. Er war erfüllt von der Überzeugung, daß »die eigentliche Sorge der Seelsorge die Sorge um die Draußenstehenden ist«.

Als Alois Eckert noch Stadtpfarrer am Dom war, brachte Professor Hans Mettel sein großes Bartholomäus-Relief an der nördlichen Außenwand an. Alois Eckert nannte es »ein Werk von starker religiöser Kraft« und gab ihm die Deutung: »Der geschundene Mensch unter der Gewalt des Bösen, der Mensch in der dämonischen Bedrängnis der Tyranneien, der Kriege, der Konzentrationslager, der Gestapo und GPU-Keller, aber auch der Wirtschaftssklaverei oder der Religionsverfolgung.« Im Blick auf die »wunderbare Größe«, den »inneren Selbstbesitz« und den »Frieden« der gemeißelten Martyrergestalt zitierte er den Apostel Paulus: »Zerschlagen, aber nicht getötet. Sterbend, und siehe, wir leben (2 Kor 6,9). In dieser christlichen Existenz-Theologie besitzt und spricht das Relief seinen geistigen Inhalt und seinen Anspruch aus. Es mahnt und fordert: Haltet den Dämonen stand ... auf dieser weiten Welt.«

Alois Eckert war ein Freund der Armen, worüber freilich in den meisten Fällen nur er und der betreffende einzelne hätten Auskunft geben können. Als Gesamtaufgabe der Großstadtseelsorge – ich zitiere wieder den 38jährigen Pfarrer – bezeichnete er: »Die Seelsorge soll für jeden besonderen Hunger besonderes Brot, für jede besondere Blöße ein besonderes Gewand, für jede besondere Not besondere Hilfe geben.« Der Mann, der so ganz und unbedingt Priester war und mit seinen Kollegen im priesterlichen Amt treue Bruderschaft hielt, wollte kein Klerikaler, d. h. Auserwählter aus dem Volke, sein. Kein Titel hat ihn mehr gefreut als der des »Ehrenlaien«, den ihm nach dem Kriege die Freunde der »Frankfurter Volksarbeit« verliehen. Aber auch das sei gesagt: Kein Vertrauensbeweis hat ihn so beglückt und verpflichtet wie das Vertrauen und die persönliche Zuneigung, die ihm sein Bischof Dr. Wilhelm Kempf all die Jahre gemeinsamen Dienstes bis in die letzten Stunden des Todes hinein entgegenbrachte.

Wenn wir nun der Erde übergeben, was von Prälat Eckert zurückblieb, so tun wir es im Licht eines Offenbarungswortes, das wir vorhin aus dem Johannesevangelium (11,5) gehört haben: »Ich bin die Auferstehung und das Leben. Wer an mich glaubt, der wird leben, auch wenn er gestorben ist.« Heute gilt dieses Wort ihm: Er wird leben. Es steht über seiner Todesanzeige, wie es über seinem Leben gestanden hat, wie er es oft am Sarg eines Toten verkündete. Gottes Liebe garantiert seine Erfüllung.

Im Dom am Tag der Beerdigung
11. Dezember 1969

BISCHOF WILHELM KEMPF

Begrüßung des Diözesanbischofs Dr. Wilhelm Kempf im Dom zum Beginn der Firmungen in den Frankfurter Gemeinden.

Ein Empfang des Bischofs der Diözese im Frankfurter Dom, wie er seit Jahren alljährlich geschieht, ist kein Staatsempfang. Er bedeutet nicht die Huldigung des Volkes vor seinem Souverän. Den Empfang im Dom wollen wir aber auch nicht auf einen Empfang im Stil einer Cocktailparty herunterspielen.

Die Frankfurter Katholiken grüßen durch ihren Stadtpfarrer in dieser Stunde zwischen Ostern und Pfingsten in Ihnen, sehr verehrter, lieber Herr Bischof Wilhelm, »den durch Gott bestellten Geistträger« und »den eigentlichen Seelsorger der Kirche«. So definiert der »Holländische Katechismus« mit dem II. Vatikanischen Konzil das Bischofsamt. Die Begrüßung ist darum so frei, so herzlich und so froh, weil auch alle anderen Gläubigen, wir alle, uns als Geistträger verstehen dürfen. »Das Bild von der klerikalen Pyramide mit den Laien als Meßbuben an der Basis« (Herderkorrespondenz März 1964) war nie Ihr Bild von der Kirche. Auch Sie sind überzeugt: Durch die Taufe wissen wir alle uns wiedergeboren aus dem Wasser und dem Heiligen Geist, und durch das Sakrament der Firmung, das Sie in den kommenden Wochen in den Frankfurter Gemeinden spenden wollen, werden junge Christen zum mündigen Christsein berufen. Der Bischof steht nicht außerhalb und nicht oberhalb der Kirche. Er gehört zum Volk Gottes gerade in seiner verantwortungsvollen spezifischen Funktion, die Einheit der Kirche darzustellen, zu fördern und in der Kraft des Heiligen Geistes auch in schweren Zerreißproben zu garantieren. In Ihnen, lieber Bischof Wilhelm, grüßen wir in turbulenter Zeit voll Hoffnung und Vertrauen den gottgesetzten Diener der Einheit.

Seit Sie vor einem Jahr das letztemal bei uns Frankfurtern

im Dom waren, ist in unserer Kirche eine Autoritätskrise aufgebrochen. Was beim Katholikentag in Essen 1968 und bei anderen Gelegenheiten sichtbar wurde, machte deutlich, daß diese Krise lange schon schwelte. Viele von uns und viele außerhalb des Bistums und außerhalb der Katholischen Kirche wissen mit mir, daß Sie diese Krise sehen. Sie wollen ihr nicht ausweichen durch gut gemeinte Beschwichtigungen. Sie stellen sich den harten Fragen Ihrer Priester und Gläubigen, offen und ehrlich, »bereit, in hörendem Gespräch mit denen zu bleiben, die Sie als Bischof zu leiten haben« (ebd.). Dafür muß ich Ihnen im Namen vieler, die diese Ihre Bereitschaft wie ich erfahren haben, aufrichtig danken und Sie bitten: bewahren Sie diese Offenheit zum Gespräch mit jedem, ob groß oder klein, alt oder jung. Sie dürfen überzeugt sein, daß viele Christen dieser Großstadt, Gesunde und Kranke, für ihren Bischof beten. Auch dieser Gottesdienst mit Ihnen soll ein Zeichen der tiefen geistlichen und persönlichen Verbundenheit sein.

4. Mai 1969

PAPST PAUL VI.

Über Papst Paul ist während seiner fünfzehnjährigen Amtszeit viel gesprochen worden. Viele haben gesprochen. Vor acht Tagen hat der Tod gesprochen. Vor acht Tagen hat Gott gesprochen, der Richter der Lebenden und der Toten (Apg 10,42).

Ich will nicht versuchen, das Bild des verstorbenen Papstes zu zeichnen. Berufenere haben gesagt, was man heute sagen kann, am gestrigen Sonntag unser Bischof in allen Gottesdiensten. Aus größerem Abstand wird man zu gegebener Zeit mehr und wohl Gültigeres sagen können.

Mir stellt sich hier heute die Frage: Was sagt einer, dem der Vater stirbt? Heute vor fast genau vier Monaten habe ich mit dem jetzt Verstorbenen am Hauptaltar der Peterskirche in Rom Eucharistie gefeiert. Ganz nahe stand ich ihm. Als er die hohe Mitra abtat, sah er aus wie mein Vater kurz vor seinem Tod. Das hat mich sehr ergriffen. In diesem alten, hinfälligen Menschen ist mir der Heilige Vater, der Bischof von Rom und das Oberhaupt unserer Katholischen Kirche, sehr nahegekommen.

Vorgestern, am Samstag, stand der einfache Holzsarg auf dem Pflaster des Petersplatzes. Der Sarg erinnerte mich an die Särge, in die die Juden ihre Toten legen und der Erde zurückgeben. Neben dem Sarg aber stand hoch aufgerichtet die Osterkerze. Sie steht auch hier am Altar und brennt: ein Sinnbild des Herrn, der auferstand und das Leben gibt. Auf dem Sarg lag die Bibel, das Wort Gottes. Als Johann Baptist Montini Bischof wurde, legte man ihm die Bibel aufs Haupt, und er beugte sich darunter. Beim Konzil wurde jede Sitzung eröffnet, indem man die Bibel in feierlichem Zug hereinbrachte und in der Mitte der Versammlung auf ein geschmücktes Pult stellte.

Was ist ein Papst? Einer, der Gottes Wort hört, und, »wenn er gestärkt ist, stärkt er seine Brüder« (vgl. Lk 22,32), so hatte es Jesus dem Petrus gesagt. Und der da hört und der da gestärkt werden muß, der da predigt und der da andere stärkt, ist ein armer Mensch. Wenn ein neu gewählter Papst zur Krönung in Sankt Peter einzieht, wird der festliche Zug gestoppt. Vor seinen Augen verbrennt man Watte und sagt dazu: »Sic transit gloria mundi« – so vergeht der Glanz, der Ruhm, die Ehre der Welt. Und nach Jahren steht dann der Leichnam des Gekrönten in seiner Peterskirche zum Abschiednehmen aufgebahrt.

Manche waren befremdet, daß die Kardinäle zuließen, daß der Sarg in Sankt Peter offen blieb, obwohl in der sommerlichen Hitze das Gesicht des Papstes, in alle Welt tausende Male ausgestrahlt, schon in Verwesung überging. Ich meine, daß die Kardinäle ihren Papst recht verstanden hatten. Ein römischer Papst hat es nicht nötig, daß er tiefgekühlt in einen Glassarg gelegt und in einem Mausoleum zur Verehrung ausgestellt wird. Ein Papst ist ein einfacher, ein armer Mensch von dieser Erde. Papst Paul hat das oft öffentlich ausgesprochen und sich seines Nachdenkens und Zögerns nicht geschämt. Er wußte: wenn der Papst groß erscheint, so ist er es durch das Evangelium über sich und das Auferstehungslicht neben sich.

In seiner ersten Rede als Papst hatte Paul VI. am 29. September 1963 vor dem Konzil gesagt: »Über dieser Versammlung soll kein Licht aufleuchten, das nicht Christus ist, das Licht der Welt«, und er verglich sich selbst mit seinem Vorgänger Honorius, der auf dem gewaltigen Mosaik der Apsis von Sankt Paul in Rom wie eine winzige Schildkröte zu Füßen des thronenden Christus kniet.

Papst Paul hat auch seinen Freunden und Mitarbeitern immer wieder Probleme aufgegeben, zur Kritik herausgefordert und enttäuscht. Er teilte auch hier das Schicksal seiner Generation, das Schicksal ungezählter Väter mit ihren Söhnen und Töchtern. Auch nachdem der Tod gesprochen hat, werden nicht alle Fragen beantwortet sein.

Eines aber bekenne ich vor vielem mehr, was ich sagen könnte: Er hat uns gelehrt, wie ein jeder in dieser Zeit in

Freud und Leid ein »Knecht der Knechte Gottes« sein kann. Dafür danke ich ihm, wie ein Sohn seinem Vater dankt.

Requiem im Frankfurter Dom
14. August 1978

DOMKAPELLMEISTER HANS PABST

Geboren am 6. Mai 1889 in Frankfurt, zum Priester geweiht 1913, Domkapellmeister in Limburg 1926, Monsignore, Mitglied des Bischöflichen Domkapitels, gestorben am 3. Mai 1968. Der Verlag brachte im Jahre 1963 Erinnerungen von ihm unter dem Titel: »Viel Wasser floß die Lahn hinunter«.

Im dritten Teil des Oratoriums von Joseph Haydn »Die Schöpfung« werden die jungen Menschen, die am Schöpfungsmorgen geschaffen sind, aufgefordert, das Lob Gottes des Schöpfers zu singen. Der Engel Uriel ruft uns zu: »Seht das beglückte Paar... Aus ihren Blicken strahlt des heißen Danks Gefühl. Bald singt in lautem Ton ihr Mund des Schöpfers Lob.« Und wir erinnern uns, es hebt ein gewaltiges Duett an, unterstützt vom Chor, zum Preise Gottes; und alles, was diese Menschen zum erstenmal am Schöpfungsmorgen sehen, die ganze Schöpfung, wird aufgerufen, Gott zu loben und Gott zu danken.

Auch wir stehen heute am Morgen eines festlichen Tages. Unser Herr Domkapellmeister will »lobsingen im Namen des Herrn« für fünf Jahrzehnte priesterlichen Wirkens, die hier in diesem Bischofsdom, an diesem Altar begonnen haben. Wir, seine Freunde, die Mitbrüder, wir alle sind zusammengekommen, um mit ihm einzustimmen in diesen Dank an den Schöpfer. Sein Leben war ein Leben für die Kirchenmusik. Es begann mit einer kurzen Introduktion, einige Stellen in einigen Jahren als Kaplan. Aber schon im ersten Jahrzehnt beginnt er, das Hauptthema seines Lebens zu singen, zunächst fast wie zufällig hier als Kaplan in Limburg. Aber bald (1926) erhebt sich dieses Leitmotiv zu hymnischer Größe, und die meisten von uns erinnern sich dankbar der Gottesdienste, die unter seiner Stabführung gestaltet wurden, und der Konzerte geistlicher Musik hier im Georgsdom. Diesem Hauptthema tritt ein Nebenthema zu Seite, die Schriftleitung der Kirchenzeitung. Dieses ist bewegter, wie schon die Namen sagen: St. Lubentiusblatt, dann St. Georgsblatt, dann das Verbot im dritten Reich und nach dem Kriege der schwierige, aber glückhafte Neubeginn im Zeichen des »Sonntag«. Beide Themen werden durchgeführt und abgewandelt, aber gestützt von einem cantus firmus oder einem Orgelpunkt, den das Leitwort dieser Ansprache der Freude und des Dankes sagt: »Das Priestertum verwalten und – als Priester – lobsingen im Namen des Herrn.« Hans Pabst ist getragen von einer großen ungebrochenen Liebe zur heiligen Kirche und zu den Menschen. Er ist ein priesterlicher Mensch in einem menschlichen Priestertum. Der Jubilar hat gebeten, das Persönliche hier aus dem Spiel zu lassen und zur Sache zu reden. Die Sache selber aber ist so eng mit seiner Person verbunden, daß wir ihn selbst nicht auslassen können.

I.

Das Priestertum verwalten und lobsingen im Namen des Herrn, das heißt doch zuerst: lobsingen zur Ehre Gottes. Man hat die Kirchenmusik »die erste Tochter der Liturgie« genannt, Tochter, aber doch erste Tochter. Und so ist es in der Tat. Auch bei feierlichem Gottesdienst können wir auf die Baukunst verzichten und unter Gottes freiem Himmel das Lob Gottes singen, und selbst im Gefängnis haben Paulus und Silas im Kerker von Philippi Gott laut Loblieder gesungen (Apg 16,25). Aber immer, wenn das Beten wirklich die Flügel breiten, über sich hinaus Gott erreichen will, drängt sich dem Menschen das Lied auf die Lippen. Und es ist wohl recht so, daß wir auch den großen Künstlern, die die Sprache der Musik vollendet sprechen, Raum geben in unseren Gotteshäusern. Ist es nicht peinlich, etwa das Te Deum Bruckners im Konzertsaal zu hören, gewissermaßen in die falsche Richtung gesungen, hin auf die Menschen, da es doch »dem lieben Gott« gewidmet ist? »Er, der jede Sprache kennt, durchwaltet die Erde«, so beginnt die Pfingstliturgie, der Jubilar hat sie viele Male hier in diesem

Dom mit uns, mit Euch gefeiert. Jede Sprache ist Stimme für sein Ohr, und wenn der Herrgott sich aus Säuglingslallen ein Lob bereitet hat (Ps 8,3), um wieviel mehr aus Instrumenten, die er die Menschen hat finden lassen, aus der vox humana, nicht nur der vox caelestis, aus der Orgel und aus vielen Instrumenten, die uns die Kirche, die erst jetzt im Konzil voll zu ihrer Universalität erwacht ist, in aller Fülle anbietet. Instrumente, die uns oftmals wie barbarisch erscheinen und die doch heilige Stimmen sind für das Ohr Gottes!

II.

»Der, der das Priesteramt verwaltet und lobsingt im Namen des Herrn«, ist immer auch aufgerufen, die Gläubigen zu erbauen, nicht in dem kitschigen Sinn einer Erbauung, die sich selber sucht und in der Tat sehr unerbaulich wäre, sondern die aus einzelnen die Kirche erbaut, die Gemeinde. Denn die Musik hat wohl für die meisten Menschen die Gabe und Chance, daß sie innerlich löst, befreit, sie von sich weg und doch wieder zu sich selbst und so zum Herrgott führt und darüber hinaus die Vielen zu einer Gemeinschaft des Betens, des Singens und des Lobes zusammenfügt. In der Kirchenzeitung, die unser Jubilar herausgibt, konnte man in einer der letzten Nummern lesen, wie man in Indien erkannt hat: Wenn die Verkündigung des Evangeliums die Seele des indischen Volkes, das eine hohe Kultur besitzt, erreichen will, dann darf die Verkündigung nicht nur Sprache sein, sondern auf den Fittichen alter Volksmelodien sich einsingen in die Seele dieses Volkes. Wir brauchen nicht nach Indien zu schauen. Die Reformation Luthers ist, scheinbar gegen ihr Programm, keineswegs durch das Wort allein in die Menschenherzen gedrungen, sondern durch das gemeinsame Kirchenlied. In wenigen Wochen feiern wir Ostern. Wenn die uralte Melodie des Alleluja, ein Jubelruf des Herzens, in der dunklen Nacht angestimmt wird, dann ist Ostern! Wenn die Weihnachtslieder erklingen, dann ist

Weihnachten, dann spüren wir's in den Liedern, in der Melodie, im Rhythmus, was der Herrgott uns sagen will.

Unser Jubilar hat uns oft auf den Wellen der Musik beten lassen. Es gibt nicht wenige, die in der Schule unserer Musiker zu beten lernen, tiefer als aus einem Bücherbrett voll erbaulicher Literatur. Wir danken heute unserm Jubilar, daß er uns dazu geholfen hat.

III.

Und das dritte, was es heißt, »das Priesteramt zu verwalten und lobzusingen im Namen des Herrn«, das heißt doch: schon jetzt miteinzustimmen in das ewige, eschatologische himmlische Lob, das Gott von den Engeln entgegengebracht wird.

»Wenn einst in der letzten Zeit
alle Ding' wie Rauch vergehen,
bleibet in der Ewigkeit
doch die Musik noch bestehen,
weil die lieben Engelein
selber Musikanten sein.« (Martin Luther)

Ich glaube, das ist ein sehr frohes, ein sehr hoffnungsvolles Wort an den Jubilar am Anfang des sechsten Jahrzehnts seines Priestertums. Wenn er einmal nicht mehr seinem Domchor vorstehen kann, dann darf er wissen, daß er mit den Engeln das Lob Gottes und die Fürbitte für die Kirche singen darf.

Zuvor aber wünschen wir ihm, daß noch sehr viel Wasser die Lahn und den heimatlichen Main hinabfließt und daß er in diesen Jahren, hoffentlich noch vielen Jahren, »das Priesteramt verwaltet und lobsingt im Namen des Herrn«.

Zum Goldenen Priesterjubiläum
1963

WILHELM FAY

Am 2. Oktober 1977, 28 Monate vor seinem Tod, hat Dr. Wilhelm Fay mit seiner großen, charakteristischen Schrift, ohne Überschrift und ohne Anrede, das Folgende auf ein Blatt geschrieben:

»Bei der Trauerfeier soll von den Teilnehmern das Lied Nr. 267 gesungen werden. Der Text ist auszulegen. Bittet meinen Schulfreund Adlhoch um die kirchliche Beerdigung. Er kann ein paar Worte zu den Personen sagen. Sonst sollen keine Ansprachen gehalten werden. Statt der Reden sollen 3 Vaterunser gebetet werden. Wer etwas sagen möchte, der soll es Euch schriftlich geben. Das kann dann später veröffentlicht werden. Beim Auszug ist das Lied ›Großer Gott, wir loben dich‹ zu spielen.«

Dieses Blatt übergaben mir die Gattin und die Kinder des lieben Verstorbenen nach dem Tode.

Ich richte mich danach. Die 3 Vaterunser, die er sich statt der Reden gewünscht hat, beten wir: Das erstemal sprachen wir das Gebet des Herrn beim Requiem im Dom, das zweitemal sprechen wir es nachher hier in der Trauerhalle und das drittemal am Grabe.

»Nun danket all und bringet Ehr!« Das Lied soll ich auslegen. Ich verstehe das dahin, daß ich es mir und Ihnen vorlege zur tieferen Besinnung.

Paul Gerhardt, der Dichter, schuf seine Lieder aus dem vertrauten Umgang mit der Heiligen Schrift. Zwei kurze Texte des Neuen Testaments dürften ihm das Thema gegeben haben: »Seid immer voll Dankbarkeit, denn das ist Gottes Wille« (1 Thess 5,18) und »Ob ihr eßt oder trinkt oder sonst etwas tut, tut alles zur Ehre Gottes« (1 Kor 10,31).

Mit Dank beginnt das Lied, nicht mit Selbstmitleid, Unzufriedenheit und Forderungen. Gott ist schon da, vor uns, und zwar nicht mit Geboten und Verboten, sondern mit seinen Gaben. Als Eucharistia – Danksagung versteht der Christ seinen Gottesdienst. Was die reinen Geister – »der

Engel Heer« sagte Paul Gerhardt – gewissermaßen berufsmäßig tun, nämlich danken und ehren, das sollen »die Menschen in der Welt« in Freiheit tun. Sie könnten aufbegehren, fluchen und sich gegen Gott entscheiden. Ich habe Wilhelm Fay nie undankbar, mäkelnd, unzufrieden oder habsüchtig erlebt.

Scheu in Worten und frömmelnden Sprüchen abhold, war er ein dankbarer Mensch: dankbar für die einfache christliche Familie, aus der er stammte, dankbar für seine Familie, die er als Geschenk Gottes empfand, dankbar für seinen Beruf, der ihn freute, und dankbar für die Möglichkeiten, in seiner Heimatstadt Hilfe leisten und gestalten zu können. »Fröhliches Herz«, »frischer Geist und Sinn«, eine seiner liebenswerten Gaben, bewahrten ihn davor, sich von »Angst, Sorge und Furcht« niederdrücken zu lassen.

Wenige alte Kirchenlieder gehen auf gesellschaftliche und politische Probleme ein, wiewohl doch gerade diese des Segens Gottes bedürfen. Ich kann mir gut vorstellen, wie Wilhelm Fay gerade die Strophe vier unseres Liedes kräftig mitgesungen und gebetet hat: »Gott lasse seinen Frieden ruhn auf unserm Volk und Land.« Er hat es gewiß nicht weniger innig gebetet in den »finsteren Zeiten, in denen wir leben« (Bert Brecht) als Paul Gerhardt vor dreihundert Jahren am Ende des scheußlichen 30jährigen Massakers in deutschen Landen.

Und dann die beiden letzten Strophen. Wenn man die 60 überschritten hat und wenn eine geheimnisvolle Krankheit sich meldet, trifft einen leichter ein Reim wie dieser: »Solange dieses Leben währt« und »wenn wir scheiden von der Erd.« Vieles, alles sollen wir dann zurücklassen, nicht nur Hab und Gut, Beruf und Stellung, wofür man doch oben in Strophe 4 gebetet hatte: »Er gebe Glück zu unserm Tun und Heil zu allem Stand«, wir sollen vor allem die Menschen zurücklassen, die wir lieben und die uns lieben. Wir können Gott und seinem Boten, dem Tod, nicht in den Arm fallen, wir können nur beten: »Gott drücke, wenn das Herze bricht, uns unsre Augen zu und zeig uns drauf sein Angesicht dort in der ew'gen Ruh.« Glücklich, wenn eine gläubige Frau, gläubige Kinder und gläubige Freunde dann zur Seite stehen und beten, wenn die Todesnacht sich über uns senkt und die eigene Kraft versagt.

Und noch einmal: All dieses steht unter dem Titel des Dankens: »Seid immer voll Dankbarkeit, das ist Gottes Wille« (1 Thess 5,18). So wollte der liebe Verstorbene es sehen, so sollen wir es sehen. Darum legte er uns den Text vor. Darum habe ich versucht, ihn in seinem Geist auszulegen.

Das letzte Lied dieser Trauerfeier, so schrieb es der Verstorbene vor, soll das »Großer Gott, wir loben dich« sein. Der selbst ein aufrechter Mann war, freiheitlich gesinnt, in sich stehend, scheute sich nicht, sich vor Gott zu neigen: »Vor dir neigt die Erde sich und bewundert deine Werke.« Das erste und das letzte ist Bewunderung, Dank, Anbetung, Ja zu Gott und seinem Willen. »Wir preisen deine Stärke.« Gewiß preisen wir deine Güte, wir preisen aber auch deine Macht, denn du bist immer größer als unsere menschlichen Maße. Deus semper major. Wer das Te Deum kennt – etwa in der Vertonung des Anton Bruckner –, weiß oder ahnt die Kraft eines Lebens, das in Gott wurzelt und aus Gott wirkt. Non confundar, non confundar, non confundar in aeternum, jubelt der Chor in der großartigen Schlußfuge Bruckners. Möge Gott vollenden, was er begonnen hat. Auch ein Wilhelm Fay lebt von Gottes Verzeihung und Erbarmen.

Das letzte Wort, bevor wir ihn der Erde zurückgeben, sei ein Dank an Gott, der uns einen Wilhelm Fay gegeben hat:

»Wir danken Gott, dem Herrn, daß du unser warst, mehr noch, daß du unser bist. Denn alles lebt dem guten Gott, und wer heimkehrt zu Ihm, bleibt in der Familie.«

Hauptfriedhof Frankfurt
14. Februar 1980

Den Kirchenpatron zu feiern, heißt nach-denken, was dieser Heilige seiner Gemeinde heute zu sagen hat. Denn er kann nur unser Kirchenpatron sein, weil wir überzeugt sind: Die Heiligen sind nicht gestorben, sondern sie leben. Sie bilden mit uns und wir mit ihnen die »Gemeinschaft der Heiligen«.

Bartholomäus war einer der zwölf Apostel, von Jesus ausgewählt und in die Welt gesandt. Jeder der zwölf Apostel hat denselben Auftrag: »Macht die Menschen zu meinen Jüngern ... und lehrt sie, alles zu halten, was ich euch geboten habe« (Mt 28,19 f.). Er hat Jesus Christus zu bezeugen in Wort, Tat und Tod.

Jeder einzelne der zwölf Apostel tut das auf seine Weise und in seinen Verhältnissen. Von Bartholomäus ist uns kein Evangelium, kein Brief, nichts Schriftliches überliefert. Von seinem apostolischen Wirken berichtet die Heilige Schrift nichts. Wohl aber überliefert die armenische Kirche sein Wirken und verehrt ihn zusammen mit Judas Thaddäus als ihren Gründerapostel. Die Armenier bilden eine der ältesten, treuesten und kulturell bedeutendsten Kirchen der Christenheit. Mit Bartholomäus starben im ersten Jahrhundert in Treue zum Glauben die Tochter und die Schwester des heidnischen Königs als Martyrer. Er starb den qualvollen Tod der Häutung, wie er damals im heutigen Persien üblich war.

Die armenische Kirche ist durch die Jahrhunderte ihrem getreuen Apostel treu geblieben. Von den armenischen Christen wurden allein in den 28 Jahren zwischen 1894 und 1922 mit Sicherheit 1 396 350 Männer, Frauen, Kinder und Säuglinge ermordet, nach dem Osten deportiert oder dem Hungertod preisgegeben. Es ehrt den jüdischen Theologen Pinchas Lapide, diesen »vergessenen Völkermord« (Zeitschrift »Tribüne« Heft 51, 1974) angeprangert und festgestellt zu haben, daß zwar nicht die absoluten, aber die relativen Zahlen des Mordens die Untaten Adolf Hitlers an den Juden übertreffen: Nur ein Drittel des armenischen Volkes, das in der Türkei lebte, blieb am Leben. Die Weltpresse schwieg! Das qualvolle Todesschicksal des Bartholomäus wiederholte sich in Hunderttausenden armenischer Christen in unserm Jahrhundert.

Auch in unserer Domgemeinde wohnen einige armenische Familien, Nachfahren dieser Martyrer. Armenische Kinder haben hier in der Kirche ihres Gründerapostels die Taufe, die Eucharistie, die Firmung empfangen.

Übersehen wir nicht: Unter den türkischen Arbeitern in Deutschland sind nicht wenige armenische Christen! Von den Christen in Deutschland, von den Christen in Frankfurt erwarten sie, was ihnen die moslemischen und seit Atatürk säkularisierten Türken oft vorenthalten haben: brüderliches Verstehen! Wir haben einen gemeinsamen Vater und Patron unsres Glaubens, den heiligen Apostel Bartholomäus. Und er verbindet uns unmittelbar mit unserm Einen Herrn Jesus Christus.

Das ist das eine, was Bartholomäus heute uns zu sagen hat: Ich bin Apostel vieler Völker, des armenischen und des revolutionsgeschüttelten persischen Volkes, wie ich der Patron der Stadt Frankfurt bin.

Und ein zweites sagt uns der Kirchenpatron Bartolomäus: »Sei treu bis in den Tod, dann werde ich dir den Kranz des Lebens geben« (Offb 2,10). Dieses Wort erging übrigens an die Christengemeinde in Smyrna, wo 1922 rund 100000 Armenier an drei Pogromtagen umgebracht worden sind. (So »spricht der Geist« durch die Jahrhunderte!)

Bedenken wir: Was hatte Bartholomäus für seine Predigt einzusetzen? Nicht einmal einen Katechismus, und das Neue Testament mit den Evangelien war noch nicht geschrieben. Es gab nur eines: das Zeugnis des Apostels. Er tat seinen Mund auf, schwieg nicht, und sein Wort war Zeugnis von Jesus Christus, dem Heil der Welt. Er lebte, und sein Leben war Zeugnis für die Liebe des Jesus Christus. Er starb, und sein Tod war Zeugnis der Treue für Jesus Christus und seinen Tod am Kreuz. Weder Lautsprecher noch Kameras unterstützten ihn, wohl aber der Heilige Geist, den Jesus ihm zugesagt und dem er sich rückhaltlos anvertraut hatte.

Seien wir dankbar für alle Hilfen, die in unsrer Zeit der Gesetzgeber, die Wissenschaft, die öffentlichen Medien der christlichen Verkündigung geben. Aber vergessen wir nicht: Letztendlich zählt und letztendlich wirkt nur das Zeugnis eines lebendigen Christen, das treue Zeugnis einer lebendigen Christengemeinde. Und alle Hilfen sind nichts, wenn dieses eine fehlt. Das sagt uns unser Kirchenpatron heute. Darum haben wir vorhin mit Recht in der Oration des Festes gebetet: »Mit aufrichtigem Herzen hat der Apostel Bartholomäus deinem Sohne Jesus Christus die Treue gehalten. Stärke auch unsern Glauben und mache deine Gemeinde zum wirksamen Zeichen des Heiles für alle Völker« in dieser unsrer Stadt Frankfurt, in deren Mitte der Bartholomäusdom steht. Heiliger Kirchenpatron, bitte für uns! Amen.

1980

Sankt Georg gehört zu den ältesten Heiligen der Kirche, und zwar der Kirche in Ost und West und im besonderen der Anglikaner, ist er doch seit 1222 der Schutzpatron des englischen Königreiches. Wie unsere römisch-katholische Kirche nach dem Konzil, hat auch die anglikanische Kirche den üppigen Wald der Heiligen durchgeforstet. Aber wie Oxford jetzt, hatte vorher auch Rom den heiligen Georg im offiziellen Kalender der Kirche, Generalkalender genannt, belassen und sein Fest darum auch in die neueste Ausgabe des Missale Romanum von 1975 wiederaufgenommen.

Wenn er also verehrt werden darf, gab es ihn denn überhaupt? Das von Josef Höfer und Karl Rahner herausgegebene »Lexikon für Theologie und Kirche« weist auf das Martyrergrab in Lydda hin und schließt: »Die frühe kultische Verehrung in Lydda garantiert die Überlieferung vom Zeugentod.« Lydda ist das heutige Lod, eine Stadt von über 30 000 Einwohnern zwischen Tel Aviv und Jerusalem. Heute verehren dort Christen und Moslems in einem Gebäude, das halb Kirche und halb Moschee ist, den heiligen Georg. Das Massaker auf dem Flugplatz von Lod vor einigen Jahren stellte das legendäre Martyrium des heiligen Georg an Grausamkeit in den Schatten. Damit, meine ich, können wir uns begnügen, was die Geschichte angeht.

Das erste erhaltene Bild aus dem 6. Jahrhundert stellt ihn als Krieger zu Fuß dar, später mit dem Statussymbol des Ritters, dem Pferd. Auch die Vierung unseres Georgsdomes zeigt ihn als stehenden Krieger mit Lanze und Schild, als Thronassistent neben dem Weltenherrscher Christus. Das Drachenkampfmotiv verbindet sich später mit ihm wie mit andern Heiligen. Offenbar bedurfte es im Anfang dieses Zeichens nicht, als noch Christen wilden Tieren vorgeworfen wurden oder die Erinnerung daran noch lebendig war.

Sankt Georg, der christliche Zeuge in der Rüstung eines Soldaten, illustriert trefflich den Aufruf des Apostels Paulus, der in Rom ebenfalls Zeugnis ablegte – er saß um des Evangeliums willen im Gefängnis und schrieb an seine Gemeinde in Ephesus: »Legt die Rüstung Gottes an, gürtet euch mit der Wahrheit; legt als Panzer die Gerechtigkeit an, und zieht als Schuhe die Bereitschaft an, für das Evangelium vom Frieden zu kämpfen. Vor allem greift zum Schild des Glaubens! Mit ihm könnt ihr alle feurigen Geschosse des Bösen auslöschen. Nehmt den Helm des Heils und das Schwert des Geistes, das ist das Wort Gottes ... Seid wachsam, harrt aus und bittet für alle Heiligen, auch für mich, daß Gott mir das rechte Wort schenkt, wenn ich mich anschicke, mit frohem Mut das Geheimnis des Evangeliums zu verkünden, als dessen Gesandter ich im Gefängnis bin. Bittet, daß ich in seiner Kraft freimütig zu reden vermag, wie es meine Pflicht ist« (Eph 6,13–20; die Lesung dieses Festes).

Paulus sieht also das Christenleben als soldatischen Einsatz und den Christen, sich selbst eingeschlossen, als wohlgerüsteten Kämpfer gegen das Böse. Seine Haupttugenden sind Tapferkeit und Freimut, Wachsamkeit und Ausdauer, Standhaftigkeit und Pflichtbewußtsein. Dieses Bild wurde früher häufiger gebraucht als jetzt. Vor fünfzig und mehr Jahren wollte die Jugend »tapfer und treu« sein, die katholischen Pfadfinder wählten sich Sankt Georg zum Patron, und landauf, landab sang man das Lied »Sankt Jürg, der frumbe Reitersmann ...«.

Nehme ich das romantische Zeitkolorit weg, geht mir aus dem Abstand auf: Das Bild des Gotteskämpfers wurzelt tief in der Person und Botschaft Jesu. Ich nenne Beispiele: »Deine Rede sei ja, ja, nein, nein« (Mt 5,37; Jak 5,12) – heißt doch: zu allem und jedem kann man nicht ja sagen, und jein ist keine Antwort.

Wer voll Zorn die Käufer und Verkäufer aus dem Tempelvorhof jagt (Mk 11,15), billigte sicher auch die Türhüter, die kräftigen Ostiarier der alten Kirche, und könnte auch heute manchem Pfarrer oder Kirchenvorstand Mut machen.

Jesus war gewiß voll Güte und Erbarmen, aber er deckte nicht alles liebevoll zu oder scheute den Konflikt: seine Streitgespräche mit den Schriftgelehrten und Volksmassen zeigen es. »Ich bin nicht gekommen, den Frieden zu bringen, sondern das Schwert« (Mt 10,34, unser Festevangelium). Dieses Jesuswort ist gewiß kein Aufruf zum heiligen Krieg oder dergleichen, wohl aber ebenso gewiß eine Absage an Friedensschwärmer und Friedensträumer, eher schon der Ruf nach dem »Friedenskämpfer«. So hieß die Zeitschrift des Friedensbundes deutscher Katholiken, der Vorgängerorganisation von Pax Christi, und so schreibt Paulus: »zieht als Schuhe die Bereitschaft an, für das Evangelium vom Frieden zu kämpfen« (s. o.). Der Friede fällt uns nicht in den Schoß, er muß gegen harte Widerstände in uns selbst und von anderen erkämpft werden.

Jesus sagt: »Ich bin der gute Hirt. Der gute Hirt gibt sein Leben für die Schafe« (Joh 10,11). Er fährt fort, daß er sich dem Wolf entgegenwirft, wenn er kommt. Er kämpft gegen den Feind, um diesem, die ihm anvertraut sind, zu entreißen. Alles verstehen heißt nicht alles verzeihen und ewig nur diskutieren; heißt auch: zupacken, auch wenn es dem Gegner gar nicht gefällt und er uns die Toleranz absprechen will.

Bewundernswert Jesus! Alle Menschen wollte er zum Vater führen, und in einer entscheidenden Stunde fragte er seine engsten Freunde: »Wollt auch ihr gehen?« (Joh 6,66). Er liebt die Seinen, wie er sie nennt, und sucht ihre Nähe etwa am Ölberg. Aber wenn es um seinen Auftrag und den Willen des Vaters geht, bleibt er notfalls auch allein – »wie es meine Pflicht ist«, sagt Paulus im Gefängnis. Jesus ist konfliktbereit.

Dieses kämpferische Vorbild halte ich für zeitgemäß in einer Zeit, in der die Versuchung groß ist, in Gremien, in Teams, in anonyme Gruppen zu verschwinden und zu meinen, dann trage man leichter an der Verantwortung. Wir haben gelächelt, aber auch dankbar verstanden, wenn unser alter Regens vor der Priesterweihe den alten Schiller (Wallensteins Lager) zitierte: »Da tritt kein anderer für ihn ein, auf sich selber steht er da ganz allein.« Lebt die Kirche und lebt die Gesellschaft nicht von dem Mut der einzelnen, wirklich und ehrlich Verantwortung zu übernehmen, und sei es ganz allein, weil die andern sich feige drücken? Diese Haltung kann man noch immer ritterlich, nobel nennen. Wem das zu feudalistisch oder altmodisch klingt, mag sie menschlich nennen, im besten, im ethischen Sinn des Wortes: demokratisch.

Und ein letztes: Josef Pieper erinnert in seinem wieder neu lesenswerten Büchlein »Vom Sinn der Tapferkeit« (München, 5. Aufl. 1951) an Augustinus. In seinem »Gottesstaat« nennt dieser die Kardinaltugend der Tapferkeit und des Mutes einen »unwiderleglichen Zeugen« für die Existenz des Bösen (a.a.O. S. 23). Pieper entlarvt den weitverbreiteten himmelblauen Diesseits-Optimismus, der das Böse oder den Bösen in der Welt nicht wahrhaben will oder verharmlost. Im Abendgebet (Komplet) liest die Kirche aus dem 1. Petrusbrief (5,8–9): »Euer Widersacher, der Teufel, geht wie ein brüllender Löwe umher und sucht, wen er verschlingen kann. Leistet ihm Widerstand in der Kraft des Glaubens.« Der Kämpfer Sankt Georg, der in diesem Kampf sein irdisches Leben verlor, sagt uns deutlich und klar: Es gibt den Weizen und es gibt das Unkraut. Es gibt die Lämmer und es gibt den Wolf und den Löwen. Es gibt den Heiligen und den Bösen. Sie kämpfen gegeneinander in der Seele des Menschen. Jeder Mensch hat sich gegen das eine und für das andere zu entscheiden. Er hat zu kämpfen und in ritterlicher Weise dem Schwächeren beizustehen und ihn in diesem Kampf zu schützen.

Jesus, die Apostel Paulus und Petrus und der Tribun Georg machen deutlich: dieser Kampf steht im Zeichen des Kreuzes. Er ist kein frisch-fröhlicher Krieg (wenn es je so etwas gab!), noch sind Blumentöpfe und Ehren reichlich zu gewinnen. Auch Sankt Georg trägt die blutige Krone des Martyriums, wie Paulus und Petrus. Sie alle aber waren

»treu bis in den Tod, darum empfingen sie den Kranz des Lebens« (vgl. Offb 2,10). Wir verehren sie als Heilige Gottes, denn sie leben aus dem, der den guten Kampf gekämpft hat, der starb und der auferstand: dem »treuen Zeugen« (Offb 1,5) Jesus Christus.

Kapitelsamt am Georgstag 1977
in der Stadtkirche zu Limburg

Humor in der Kirche

Pfarrer Ernst Schäfer, lange Jahre Vorsitzender des evangelischen Regionalverbandes in Frankfurt, wurde am 20. Januar 1983 70 Jahre alt. Aus diesem Anlaß habe ich meinem langjährigen Weggefährten und persönlichen Freund einen Brief geschrieben.

Lieber Ernst Schäfer!

Ein wenig komme ich immer nach Dir. Schon bei der Geburt bist Du mir viereinhalb Monate voraus, Deinen Abschied vom Amt und aus unserer Heimatstadt feiertest Du vor mir und nun – in biologischer Konsequenz – auch den 70. Geburtstag. Dazwischen waren wir beisammen: in Frankfurt von Jugend auf, 9 Jahre auf einer Schulbank mit Werner Hess, mit dem zusammen wir dann Pfarrer wurden und uns nach dem Krieg wieder in Frankfurt zusammenfanden, eine sehr persönliche Ökumene, die unserer Stadt und ihren Gemeinden nicht zum Schaden gereichte.

Auch mein Brief an Dich kommt später. Du hattest mir im September des vergangenen Jahres so schön geschrieben und das Gemeinsame kundgetan. Laß Dir heute herzlich danken, wofür auch Du danken zu sollen meintest: für den Mitschüler, den Amtsbruder und den Freund – treffender kann ich es nicht formulieren. Auf viele Jahre!

Zu Deinem 70. Geburtstag gebe ich eine Anregung weiter, die ich erhielt. Wir beide wissen aus Erfahrung von einem Mangel, der, wenn ich recht sehe, beide Kirchen befällt: dem Mangel an Humor. Daß Humor notwendige Voraussetzung für das Leben ist, sagt schon das Evangelium, das für uns die gemeinsame Grundlage ist. Bei Lukas heißt es im Sämannsgleichnis (8,7) nach der evangelisch-katholischen

Einheitsübersetzung: »Ein Sämann ging aufs Feld... Als er säte, fiel ein Teil der Körner... auf Felsen, und als die Saat aufging, verdorrte sie, weil es ihr an Feuchtigkeit fehlte.« Feuchtigkeit – so lernten wir im gemeinsamen Lateinunterricht und lasen später in der lateinischen Bibel – heißt »Humor«. Findest Du nicht auch, daß es in unseren Kirchen oft recht trocken, steinig, starr und hart zugeht? Was Wunder, daß die Saat verdorrt, daß junge Menschen ausziehen. Getreue sich langweilen, Kritische hämisch jubeln, Glühende frieren, Arme sich beleidigt fühlen, Fröhliche das Weinen ankommt und Neue nicht kommen? Denn der Mangel an Humor erzeugt Rechthaberei, Streit, Lieblosigkeit, Ideologisieren, Heuchelei, Unduldsamkeit und Langeweile – und vor allem letztere wirkt tödlich. Humor dagegen gibt der Freude Raum, der Hoffnung, der Liebe, dem Verstehen und Verzeihen – und davon leben wir. Papst Johannes XXIII. Roncalli hat wohl allen gezeigt, daß Humor wie Öl im Getriebe wirkt: »Ein Tropfen Öl wirkt Wunder!« Humor verhindert, daß man sich zu wichtig nimmt, und hilft, daß wir mehr werden, was wir wirklich sind, Kinder Gottes. Kinder haben einen feinen Instinkt für Freude. Vieles wäre noch zu verdeutlichen, aber Du wirst mich verstehen.

Die Anregung? Sollten wir zwei nicht auf unsere alten Tage gemeinsam einen Preis für »Humor in der Kirche« stiften? Der Preis – sehr hoch wird er kaum dotiert sein können – sollte jedes Jahr vergeben werden, einmal für ein gelungenes Beispiel von »Humor in der Kirche« bei Euch, das nächste Jahr bei uns. Sollte es entgegen meinem zarten Optimismus in unsern Gemeinden so humorlos zugehen, daß wir einmal bei bestem Willen nichts finden, was preiswürdig wäre, bleibt die Verleihung ausgesetzt. Laß uns darüber nachdenken. Auch eine kompetente Jury wird sich finden, es gab schon schwierigere ökumenische Probleme. Es wäre doch zum Lachen, wenn es in Frankfurt bei den Christen nichts mehr zu lachen gäbe!

Dein Walter Adlhoch

Warum ich noch Priester bin

Bin ich also ein Relikt? Ein Restposten nach dem Ausverkauf? Ein Ladenhüter, der anderweitig nicht zu brauchen ist? Als ich von dem Thema erfuhr, wußte ich nicht recht: Sollte ich mich ärgern, oder sollte ich lachen? Ich fragte mich: Hat es sich doch noch nicht so lange herumgesprochen, daß alle Getauften am Priestertum Jesu Christi teilhaben und daß erst recht einer Priester bleibt, den einmal ein Bischof durch die Auflegung der Hände zum Priester geweiht hat? Und was die Ausübung des priesterlichen Dienstes in der Kirche angeht – und darauf zielt wohl die Frage –: Mit sechzig Lebens- und fünfunddreißig Dienstjahren auf dem Buckel spricht fast alles dafür, zu bleiben, was man ist, und kein neues Abenteuer einzugehen. Da wurde mir bedeutet: »Sie hätten ja schon in früheren Jahren den priesterlichen Dienst aufgeben und (oder) heiraten können. Warum sind Sie im Unterschied zu anderen geblieben? Bis heute ›noch‹ geblieben?«

Ich stelle mir einen normal verheirateten Mann vor, der gefragt wird: »Warum sind Sie noch mit Ihrer Frau verheiratet?« Wer ihn so fragt, denkt er sich, hat doch wohl einen Grund. Vielleicht fragt man ihn, weil allgemein die Zahl der Ehescheidungen zugenommen hat, vielleicht weil man an ihm selbst Beobachtungen macht, die eine Frage nahelegen, oder weil er eine hervorragende Persönlichkeit ist, deren Leben interessiert. Für mich, in meinem Fall, wage ich vorweg zu sagen: Ich bin ein ziemlich durchschnittlicher Leutpriester, weder durch besondere Sensibilität noch Kreativität, weder durch spezielles Studium und alarmierende Thesen noch durch extreme Dummheit hervorragend. Die Frage »Warum *ich*?« habe ich mir nie gestellt. Aber, so sagte man mir, gerade darum sei ich geeignet, zum Thema zu sprechen. Ich sagte also zu, aufgrund der Erfahrungen, die ich gemacht habe, zu schreiben. Ob freilich, was ich im folgenden sage, wirklich die Gründe sind oder nur Annahmen, Mutmaßungen, muß ich dem überlassen, dem nichts verborgen ist.

An wichtigen Kreuzungen meines Weges zum Priestertum und im priesterlichen Dienst empfand ich als hilfreich und bedeutsam, zu wissen, daß ich mich für den Beruf frei entschieden hatte. Weder durch Institutionen wie ein Knabenkonvikt oder eine Konfessionsschule noch durch stärkeren oder milderen elterlichen Druck war ich schon im Kindesalter » auf die Spur gesetzt« worden. Die Mutter war gewiß sehr erfreut, Vater dagegen zunächst bitter enttäuscht und die (meistens nicht katholischen) Lehrer und Schulkameraden überrascht oder befremdet, als ich mich 1933 nach zwei Semestern Rechtswissenschaft zum Studium der Theologie entschloß und mit maßgeschneiderter Soutane und Soutanelle nebst Birett, wie es sich damals gehörte, ins Priesterseminar einzog.

Meine (und meines Vaters) Angst vor dem »Kasten« und noch dazu bei Jesuiten erwies sich für mich als unbegründet. Die relativ junge Hochschule St. Georgen in Frankfurt erlebte ich – auch im Gegensatz zur NS-Bildung – im Ganzen als einen Raum geistiger Weite. »Das Erwachen der Kirche in den Seelen« (Romano Guardini 1922) hatten wir als Gymnasiasten, freilich außerhalb der Schule, miterlebt, voll Liebe zu ihrer Liturgie, zu der von ihr uns gegebenen Schrift mit Jesus in der Mitte, zu dem in ihr »fortlebenden Christus«. Die Begegnung mit dem christlich sozialen Kreis um die Rhein-Mainische Volkszeitung in Frankfurt (Friedrich Dessauer, Josef Knecht, Heinrich Scharp, Walter Dirks und Josef Maria Nielen) erschloß die soziale und politische Komponente. In St. Georgen erwarteten uns so verschieden geprägte Menschen wie Oswald von Nell-Breuning, Gustav Gundlach und der (damals schon) historisch arbeitende

Dogmatiker Michael Gierens, um nur einige für mich bedeutsame zu nennen. »Plurale Theologie« gab es nicht der These, wohl aber der Sache nach in einer Atmosphäre kollegialer Toleranz (auch dieses Wort gab es nicht). Der freimütig vorgetragene, ideologiefeindliche Realismus der genannten Professoren hat uns für die priesterliche Bewährung im Nationalsozialismus, im Krieg und in der bürgerlichen Wohlstandsgesellschaft kritisch gemacht und zuverlässige Maßstäbe mitgegeben.

Das Ja zur »einen, heiligen, katholischen und apostolischen Kirche« bedeutete für uns problemlos die Identifikation mit der konkreten römisch-katholischen Kirche samt ihrem Papst in Rom und dem zölibatären Amtspriestertum. Sie machte uns aber nicht blind für das »Menschlich-allzumenschliche« der Kirche, etwa für die Schwächen der damaligen Priesterbildung vor allem in der Exegese, Pastoral, Katechese und Spiritualität, von der »Hausordnung« des Seminars ganz zu schweigen. Wir ereiferten uns darüber nicht nur untereinander heftig, sondern auch in manchen Auseinandersetzungen mit der Seminarleitung, die sich in der Regel der Kritik stellte, auch wenn sie durch die zuständigen Bischöfe und römischen Anweisungen gebunden war. Im übrigen halfen wir uns selbst in kleinen Gruppen mit aufgeschlossenen Seelsorgen außerhalb des Seminars und mit wesentlichen Büchern. Für einen ganz wichtigen Grund, warum ich heute noch Priester bin, halte ich den Humor. Er half uns, nicht alles »dogmatisch« oder gar tragisch zu nehmen und Verständnis für menschliche Unzulänglichkeit zu zeigen.

Die erste Stelle erhielt ich kurz vor Ausbruch des Krieges als zweiter Kaplan einer Diasporagemeinde von 4000 Katholiken, die in den Städten und Dörfern eines Landkreises mit 70 000 Einwohnern zerstreut lebten. Dazu kamen die Soldaten der Garnison und der Lazarette, die Evakuierten und in den letzten Kriegsjahren eine Landesheilanstalt mit Geisteskranken aus ganz Westdeutschland. Der Dienst war hart, physisch und psychisch, aber ich tat ihn ausgesprochen gern. Eine bessere Stelle hätte ich mir für die ersten sieben Jahre kaum wünschen können. Hier waren wir zwei Kapläne als Priester gefordert, aber auch von einem einzigartigen Vertrauen getragen, das durch die Drohung der Nationalsozialisten nur noch fester wurde. Rollenunsicherheit oder Zölibatsprobleme kannten wir nicht, wir waren vollauf beschäftigt, zu trösten, Leid mitzutragen, die Jugend immun zu machen gegen die Verführung des NS-Systems und die Verwilderung des Kriegshandwerks, die Botschaft Jesu in Klarheit und Klugheit öffentlich zu verkündigen und »die Brüder zu stärken« in riskanten Gesprächen und Briefen an die Front. Das zukunftweisende Geschenk dieser Kriegsjahre war die Begegnung, die freundschaftliche Zusammenarbeit und das gemeinsame Beten mit evangelischen Pfarrern und ihren Gemeinden.

Mit den evangelischen Amtsbrüdern begann ich, was ich bis heute festgehalten habe: neue Theologie zu studieren, vor allem »moderne Exegese«, von der wir im Seminar nichts gehört hatten, der aber Pius XII. 1943 eine Tür in die katholische Theologie auftat. Nach Abschluß der Studien, verstärkt in den Jahren nach dem Konzil, habe ich sicher mehr und eifriger Theologie und Humanwissenschaften studiert als in den zwölf Semestern vor der Priesterweihe. Daneben suche ich mich auf dem laufenden zu halten in moderner Literatur, einschließlich Theater und Film. Ich halte das für die Verkündigung so wichtig wie Theologie.

Zu meiner eigenen Überraschung fiel mir der Gehorsam, den ich bei der Priesterweihe dem Bischof versprochen habe, weniger schwer, als ich befürchtet hatte. 1945 übernahm ich einen Dienst in der Caritas – gegen meinen Wunsch; der Personaldezernent ließ meine deutlich erhobenen Bedenken nicht gelten. Ich gehorchte und blieb fast zwanzig Jahre in dieser Sparte, weil ich mich – nach meinem Verständnis – dem Bischof zur Verfügung gestellt hatte. Umgekehrt hegte ich das Vertrauen, daß nach einem fairen Versuch meinerseits für den Fall, daß ich der Aufgabe nicht gewachsen wäre, der Bischof den Auftrag zurücknehmen werde. Der dienstliche Gehorsam ist für mich, um von anderen Motiven zu schweigen, Fairneß gegenüber einem Amt und seinem Träger, dessen Verantwortung zu tragen ich nicht begehre (»auch Bischöfe sind Mitmenschen«). Dankbar kann ich allerdings auch sagen: Wir haben Glück gehabt mit unseren Bischöfen und ihren Mitarbeitern. Sie sind gesprächsbereit, die Verfahren sind durchsichtig; ob als Kaplan, ob als Pfarrer, ich wußte mich gerecht behandelt.

Daß ich vorhabe, bis zu meinem Tode Priester zu bleiben, sehe ich wesentlich in der Kirche selbst begründet. Die Glaubensüberzeugung, mit der ich mich für den priesterlichen Dienst entschloß, fand ich nicht zuletzt durch die gesicherten Ergebnisse der modernen Bibelwissenschaft bestätigt und vertieft: den Christus Jesus, in dem allein wir das Heil erlangen, und seine Botschaft, vermittelt durch die von Gott erwählten Zeugen, gibt uns allein die konkrete Kirche, nicht als Literatur, sondern als lebendige, sich fortsetzende Verkündigung von und an Menschen aller Völker und Zeiten. Daß »sein Gedächtnis« nicht untergeht, daß »sie den erkennen, den du gesandt hast: Jesus Christus« (Joh 17, mein Primizspruch), das will ich durch eine ebenso genuine wie gegenwärtige Verkündigung, durch die heiligen Zeichen der Sakramente und des Gottesdienstes und durch mein Leben als »hauptamtlicher« Mann der Kirche in und mit einer konkreten Gemeinde bezeugen. Die Jahre haben mir bestätigt, daß solcher Dienst den Erwartungen der verschiedensten Menschen und Generationen mehr entspricht, als ich zu tun und zu sein vermag. Vor allen Analysen tragen mich Erfahrungen wie dieses Erlebnis meiner priesterlichen Jugend: Der junge Kaplan nahm die Beichte eines hochverdienten und vorbildlichen alten Lehrers entgegen. Am liebsten hätte ich mich vor der Ehrlichkeit und Demut dieses Mannes in den letzten Winkel des Beichtstuhls verkrochen, als er von dem grünen jungen Mann (nein: vom Priester) ein

Wort der Mahnung und des Trostes und die Lossprechung erbat. Unvergeßlich ist mir auch der Schmerz eines von Kindheit an zwergenhaft verkrüppelten und darum nicht heiratsfähigen, aber durchaus liebesfähigen Menschen. Er hatte gehört, ein Priester habe seinen Dienst aufgegeben, um »seine Persönlichkeitsreife und Lebenserfüllung« in einer Ehe zu finden. Es mag viel verlangt sein, daß Menschen vom Priester eine Solidarisierung mit ihrem Schicksal erwarten. Worte jedoch wie »Solidarisierung mit den Randgruppen der Gesellschaft ist Christenpflicht« geben solchen Erwartungen Nahrung. Wer will diese Menschen enttäuschen? Der Gedanke an Menschen, für die ich Priester bin, hat – das gestehe ich – manchen meiner Entschlüsse entscheidend beeinflußt.

»Alles Schlechte kommt vom Klerus«, lautet ein altes Sprichwort. Darf man dagegen sagen: Alles Gute kommt von den christlichen Gemeinden? In der Tat, sie bringen die Priester hervor und (er)tragen sie. Darum wird wohl jeder Einsichtige hoffen, daß die Zulassung zum Priestertum den Erwartungen und Bedürfnissen der Gemeinden angepaßt und darum etwa das Zölibatsgesetz als absolute Pflicht aufgehoben, der Weg für verheiratete Männer zum Priestertum aufgetan wird und der Zölibat als freiwillig gewählte Lebensform des katholischen Priesters in der Kirche erhalten bleibt. Noch notwendiger aber erscheint mir, daß die Gemeinden den jungen Priestern, ob zölibatären oder einmal auch verheirateten, Vertrauen entgegenbringen und es ihnen, die selbstverständlich im Stil ihrer Generation leben und wirken wollen, nicht schwerer machen, als es ohnehin ist.

Den tiefsten Grund aber für eine priesterliche Existenz heute, den »Grund, der gelegt ist, und das ist Jesus Christus« (1 Kor 3,11), der alle anderen Gründe und auch den Priester selbst im letzten trägt, kann man nicht beschreiben. Ihm kann man nur danken.

Zeitschrift »Kontraste« 2, 1974